이 엠 바운즈의
기도

이 엠 바운즈의 기도

저자 E. M. 바운즈
역자 임종원

초판 1쇄 발행 2022. 2. 7.
초판 5쇄 발행 2024. 1. 10.

발행처 도서출판 브니엘
발행인 권혁선

책임교정 조은경
책임영업 기태훈
책임편집 브니엘 디자인실

등록번호 서울 제2006-50호
등록일자 2006. 9. 11.

서울특별시 송파구 백제고분로28길 25 B101호 (05590)
마케팅부 02)421-3436
편집부 02)421-3487
팩시밀리 02)421-3438

ISBN 979-11-90308-65-6 03230

독자의견 02)421-3487
이메일 editorkhs@empal.com

북카페 주소 cafe.naver.com/penielpub.cafe
인스타그램 @peniel_books

도서출판 브니엘은 독자들의 원고를 설레는 마음으로 기다리고 있습니다.
위의 이메일로 간단한 기획 내용 및 원고, 연락처 등을 보내주십시오.

도서출판 브니엘은 갓구운 빵처럼 항상 신선한 책만을 고집합니다.

이 엠 바운즈의
기도

. . .

E. M. 바운즈 지음 | 임종원 옮김

- 응답을 넘어 은혜와 기쁨에 이르는 기도 -

브니엘

E. M. 바운즈는 누구에게나 기도의 거장이요 대가로 알려져 있다. 기도에 관한 한 누구에게도 뒤지지 않을 만큼 명쾌하고도 심오한 가르침을 문장마다, 단락마다, 장마다 쏟아내고 있다. 잠언에 이르기를 "때에 맞는 말이 얼마나 아름다운고"(잠 15:23)라거나 "경우에 합당한 말은 아로새긴 은 쟁반에 금 사과니라"(잠 25:11)고 했다.

우리는 종종 '주옥같은 작품'이나 '주옥같은 표현'이라고 말하는데, '주옥'(珠玉)은 구슬과 옥을 가리킨다. 그러므로 '주옥같다'라는 것은 구슬이나 옥처럼 매우 아름답고 귀하다는 뜻이다. 바운즈의 기도에 관한 이 작품을 번역하면서 앞서 소개한 잠언의 말씀과 주옥같은 작품이라는 생각을 내내 떠올리게 되었다. 그리하여 장마다 그 주옥같은 표현 일부를 짧게 소개하면서 독자들에게 일독을 권하는 동시에 옮긴이 머리말을 대신하려고 한다.

바운즈는 1장에서 기도는 모든 존재를 드리는 것이라고 이야기하면서 "기도는 일정한 시간에 정해진 만큼만 드리는 게 아니다. 기도는 우리 모든 존재를 드리는 것이다. 단지 삶의 일부분만을 드리는 게 아니라 우리 삶 전부를 올려드리는 것이다"라고 설파한다.

2장에서는 감사와 찬양이 기도에 미치는 영향에 관하여 설명하면서 "기도, 찬양, 감사는 모두 나란히 함께 간다. 그 사이에는 친밀한 관계가 존재한다. 찬양과 감사는 엇비슷하여 그 차이를 구별하거나 각각 따로 정의하기란 그다지 쉽지 않다. 성경은 이 세 가지를 함께 연관시키고 있다. 시편은 수많은 찬양의 노래와 감사의 찬송으로 가득하며, 다시금 이 모든 것은 기도의 결과임을 지적하고 있다"라고 말한다.

3장에서는 기도와 하나님의 일에 관하여 말하면서 "하나님은 이 세상에서 그분의 위대한 일을 계속 수행하는 과정에서 인간 대리자를 통해 일하신다. 그분은 집단적으로 그분의 교회를 통해, 개인적으로 그분의 사람들을 통해 일하신다. 하나님은 거룩한 사람들을 통해 가장 효과적으로 일하신다. 하나님의 일은 기도하는 사람들의 손길을 통해 전진한다"라고 설파한다.

4장에서는 겸손이 기도에 미치는 영향에 관하여 말하면서 "겸손은 참된 기도에서 결코 없어서는 안 될 선결 요건이다. 겸손은 기도의 속성이자 특성이 되어야 한다. 태양 속에 빛이 있는 것처럼 겸손은 기도하는 사람의 성품 안에 자리 잡고 있어야 한다. 겸손이 없으면 기도는 아무런 시작도 끝도 존재도 없다"라고 강조한다.

5장에서는 기도가 어떻게 헌신을 통해 은혜의 보좌 앞에 이를 수 있는지를 설명하면서 "기도는 헌신의 영을 고양시키는 한편, 헌신은 최선의 기도에 매우 유익하다. 헌신은 기도를 진작시키고, 기도가 추구하는 목적을 향해 달려 나가도록 돕는다"라고 말한다.

6장에서는 "고난과 기도는 서로 밀접하게 연관되어 있다. 기도는 고난에서 커다란 가치를 발휘한다. 고난은 흔히 사람들을 기도하는 가운데 하나님께로 몰아가는 반면, 기도는 단지 고난에 처한 사람의 음성에 지나지 않는다. 기도는 흔히 고난에서 건져주며, 훨씬 더 자주 고난견디는 힘을 준다. 그리고 고난 중에도 위로를 건네며, 고난받는 가운데 인내를 낳게 한다"라고 말하면서 고난 중에 더욱 기도에 힘쓸 것을 강조한다.

7장에서는 "마치 기도가 그 넓은 범위 안에 모든 것을 포괄하듯이 고난 역시 그 용도와 계획이 거의 무한할 정도로 다양하다. 주의를 기울이고, 사람들이 분주하게 돌아가는 일상의 쳇바퀴를 멈추게 하고, 자신의 무기력함과 결핍과 죄악을 감지할 수 있도록 하기 위해서는 때때로 고난이 필요하다"라며 환난 가운데 인내를 낳고 키워주는 기도의 가치를 드러내고 있다.

8장에서는 기도와 성별을 다루면서 "하나님은 성별된 사람들을 원하신다. 왜냐하면 그 사람들은 기도할 수 있을 뿐만 아니라 기도할 것이기 때문이다. 하나님은 기도하는 사람을 사용하실 수 있기에 성별된 사람 역시 얼마든지 사용하실 수 있다"라고 말한다.

9장에서는 기도가 우리의 신앙생활에 끼치는 영향에 관하여 얘기하면서 "우리가 목표로 삼는 것은 인간의 기준이 아니라 하나님의 기준이다. 그것은 사람들의 견해, 사람들이 떠드는 말이 아니라 성경이 이야기하는 기준이다. 신앙에 관한 느슨한 기준은 기도에 관한 시시한 개념에서 자란다"라고 기도의 중요성을 강조한다.

10장에서는 기도의 보편성에 관하여 설명하며 "기도는 광범위하게 영향력을 미치고, 전 세계적으로 효과를 나타낸다. 기도는 모든 사람에게 영향을 미치고, 가는 곳마다, 하는 일마다 두루 영향을 미친다. 기도는 시간과 영원에 대한 인간의 관심을 다룬다. 기도는 하나님을 단단히 붙잡는 것이며, 하나님이 이 땅의 일에 간섭하시도록 움직이게 만든다"라고 강조한다.

11장에서는 기도와 연민을 통해 "이 연민 속에는 긍휼의 자질이 내재되어 있으며, 이 연민은 불쌍히 여기는 마음의 본질에 속하는 것이고, 우리 영혼이 다른 사람에 대해 부드럽고 온화한 감정을 가지고 움직이게 한다. 다른 사람을 위한 기도는 동정하는 심령으로부터 잉태된다. 연민이 심령 속에서 잉태될 때 기도는 자연스럽고 거의 자발적으로 마음에서 우러나게 된다. 기도는 연민으로 가득한 사람에게 속한 것이다"라고 설파한다.

12장에서는 교인들의 합심기도를 통한 교회 내의 문제를 해결하는 것과 관련해서 "기도, 더 많은 기도, 합심기도는 교회를 성경적인 기준으로 다시 돌아가게 할 것이며, 수많은 그릇된 행동을 일삼는 자들을 교회 내에서 몰아내게 될 것이다. 비록 그것이 일부 악한 삶을 살아가는 사람들을 치유할 수 없을지는 몰라도 말이다"라고 말하면서 "기도를 통하여 연합과 일치를 이루는 것보다 더 효과적인 것은 어디에도 없다"라고 강조한다.

마지막으로 13장에서는 주님의 지상명령인 선교와 기도에 관하여 말하면서 "기도는 선교와 대단히 밀접한 관계가 있다. 기도는 선교를 보완하는 심부름꾼이다. 기도와 선교는 둘 다 거룩하신 하나님의 마음속에서 잉태되었다. 기도와 선교는 죽마고우 같은 절친한 사이다. 모든 선교의 성공 열쇠는 기도이다"라고 주장한다.

이처럼 각 장에서 핵심적인 내용을 다루고 있는 문장을 간단히 소개하는 방법 외에는 기도에 관해 바운즈가 설명하는 주옥같은 표현을 다 담아낼 재간이 없어서 이렇게 각 장마다 짤막하게 인용해보았다. 이제 여러분이 직접 위와 같은 마중물을 사용하여 깊은 우물 속에서 맑고 풍성한 물을 길어 올려야 할 차례이다. 부디 E. M. 바운즈의 하나님이 여러분의 하나님이 되고, E. M. 바운즈의 기도가 여러분의 기도가 될 수 있기를 간절히 소망한다.

옮긴이 임종원

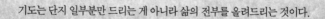

기도는 단지 일부분만 드리는 게 아니라 삶의 전부를 올려드리는 것이다.

S·e·c·t·i·o·n·01

:
:
:

기도는 나의
모든 존재를
드리는 것이다

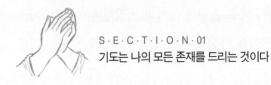

기도는 전인적인 인간과 관련이 있다. 기도에는 마음과 영혼과 육
신으로 이루어진 전인적인 존재로서 한 인간이 통째로 참여한다.
우리가 기도로 간구하기 위해서는 우리의 모든 것(全人)을 드려야
하며, 기도는 그에 따른 은혜로운 결과를 통해 우리의 모든 것(마음
과 영과 육과 혼)에 두루 영향을 미친다. 우리의 전인적인 본성이
기도로 나아가는 만큼 우리에게 속한 모든 것이 그와 마찬가지로
기도의 수혜자가 된다. 우리의 모든 것이 기도로 말미암아 유익을
누리게 된다.

우리의 모든 것이 기도하는 가운데 하나님께 드려져야 한다. 기도
를 통해 나타나는 가장 큰 결과는 하나님께 자신을 내주는, 자신의
모든 것을 내주는, 자신에게 속한 모든 것을 내주는 사람에게 임한

다는 사실이다. 이것이 바로 온전한 성별의 비밀이며, 이것이 바로 성공적인 기도의 조건이자 가장 커다란 열매를 가져오게 하는 기도이다.

기도하는 일을 잘 감당하였고, 가장 커다란 일을 이루었으며, 하나님을 움직여 위대한 일을 행하도록 했던 옛사람들은 기도하는 가운데 전적으로 하나님께 자신을 온전히 내드렸던 사람들이다. 하나님은 기도에 응답하시기 위해 한 사람 안에 있는 모든 것을 원하시며, 마땅히 그 모든 것을 소유하셔야 한다. 하나님은 한 사람에 대한 그분의 목적과 계획을 실행하시기 위해 그 사람의 마음을 통째로 소유하셔야 한다. 하나님은 그 사람의 전부를 통째로 가지셔야 한다. 두 마음을 품은 사람은 지원할 자격이 없다. 이리저리 마음이 흔들리는 사람은 사용될 수 없다. 하나님과 세상과 자신에게 충성심이 나누어진 사람은 꼭 필요한 기도의 자리에 나설 수 없다.

거룩함이란 전부를 드리는 것이며, 그래서 하나님은 그분을 섬기고 기도하는 일을 위해 거룩한 사람들, 온 마음을 다하는 진실한 사람들을 원하신다. "평강의 하나님이 친히 너희를 온전히 거룩하게 하시고 또 너희의 온 영과 혼과 몸이 우리 주 예수 그리스도께서 강림하실 때에 흠 없게 보전되기를 원하노라. 너희를 부르시는 이는 미쁘시니 그가 또한 이루시리라"(살전 5:23-24). 이것이 바로 하나님 나라의 사역자로서 하나님이 바라시는 그런 종류의 사람이며, 이것이 바로 기도하는 사람이 가져야 하는 가장 기본적인 덕목이다.

사람은 하나이지만 두세 가지 형태로 존재한다. 그러나 기도할 때는 두세 가지 형태로 존재하는 피조물이 아니라 영과 혼과 몸이 하나로 존재하게 된다. 인간은 경건함의 본질과 행위와 태도에서 하나이다. 영과 혼과 육이 생명과 경건함을 간직하고 있는 만물 안에서 온전히 하나로 연합하게 된다. 다른 무엇보다 먼저 몸이 기도에 동참하게 되는데, 왜냐하면 기도하는 과정에서 기도하는 태도를 보이게 되기 때문이다.

우리가 기도하면서 몸을 구부리거나 엎드리게 됨으로써 우리의 혼도 구부리거나 엎드리게 된다. 우리 몸의 자세는 기도에서 상당히 중요하다. 비록 그 와중에도 우리 마음이 건방지게 높아질 수 있으며, 생각이 집중하지 못하고 이리저리 헤맬 수 있을지 모르지만, 또한 심지어 기도하면서 무릎을 꿇고 있는 동안조차도 기도가 단지 형식적일 수 있을지 모르지만 말이다.

다니엘은 하루에 세 번씩 기도의 무릎을 꿇었다. 솔로몬은 성전을 봉헌하면서 기도의 무릎을 꿇었다. 겟세마네에서 우리 주님도 배반당하기 직전에 무릎을 꿇고 기념할 만한 기도를 하셨다. 간절하고 신실한 기도가 있는 곳에서 우리 몸은 항상 그 당시에 우리 영혼의 상태에 가장 적합한 모습을 취하게 된다. 그렇게 하는 만큼 우리 몸은 기도하는 영혼에 동참하게 된다.

우리의 전 존재가 기도해야 한다. 곧 생명, 마음, 기질, 생각 등 모든 존재가 기도 안에 있어야 한다. 각각의 존재와 모든 존재가 기도 활동에 참여해야 한다. 의심, 두 마음을 품는 것, 나누어진 사랑 따위는 기도의 골방에 전혀 어울리지 않는 생소한 것들이다. 눈보다 더 흰, 더럽혀지지 않은 순수한 성품과 행실이야말로 강력한 힘이며, 우리가 골방에서 기나긴 기도의 전투를 벌이는 동안에 있어야 할 가장 아름다운 요소이다.

충성스러운 지성은 아무런 의심 없이, 전혀 나누어지지 않은 믿음의 에너지나 불꽃과 서로 협력하여 이와 같은 종류의 기도시간에 더해져야 한다. 그와 같은 사고영역도 필연적으로 기도에 동참하게 된다. 다른 무엇보다도 먼저 그 영역에서는 우리 생각을 사로잡아 기도하게 한다. 그 지성은 마땅히 기도해야 한다고 우리에게 가르쳐 준다. 미리 진지하게 생각함으로써 사고영역은 은혜의 보좌로 가까이 다가가기 위해 스스로 준비한다.

생각은 골방으로 들어가는 입구 앞으로 나아가 진정한 기도를 위한 길을 예비한다. 생각은 골방의 기도시간에 무엇을 간구해야 할지를 심사숙고하게 한다. 참된 기도는 그 시간에 어떤 기도의 요청을 해야 할 것인지에 관해 단지 그 시간에만 머물러 있는 영감으로 남겨놓지 않는다. 기도를 통해 하나님께 어떤 것을 달라고 명확하게 간구하고 있는 중에도, '이 시간에 도대체 무엇을 간구해야 할까?'라는 생각이 떠오르게 된다. 온갖 헛되고, 사악하고, 경솔한 생각이 사라지고 나면, 우리의 사고영역을 전적으로 하나님께 내맡기고는 오직 하나님에 대해서만 생각하면서 지금 필요한 것이 무엇이며, 과거부터 지금까지 무엇을 받았었는지를 집중적으로 생각하게 된다.

온갖 다양한 이유로 기도는 모든 인간을 단단히 붙잡고 있으면서도 우리의 사고영역을 무시하거나 배제하지 않는다. 기도의 그 첫 번째 단계는 정신적인 부분이기 때문이다. 언젠가 한번은 제자들이 "주여, 우리에게 기도를 가르쳐주소서"라고 말했을 때 바로 이 첫 번째 단계를 밟았다. 우리는 지성을 통해 가르침을 받아야 하며, 단지 기도를 통해 우리의 지성을 하나님께 전적으로 내드리는 경우에만 기도에 관한 교훈을 매우 수월하게 배울 수 있다.

사도 바울은 우리의 모든 존재와 관련된 기도의 본질에 관해 설파하고 있다. 기도는 반드시 그렇게 되어야 한다. 기도는 경건한 연민을 통해 전 인류를 품기 위한 전인을 드리는 것이다. 아담으로 말미암아 타락한 인류의 모든 슬픔, 죄와 죽음을 끌어안기 위해서 말이다. 기도는 온 인류를 구원하려는 하나님의 숭고한 뜻과 나란히 달려가기 위해 전인을 드려야 한다. 기도는 하나님과 죄인 사이의 유일한 중재자이신 우리 주 예수 그리스도와 함께 서기 위해 전인을 드려야 한다.

이것이 바로 디모데후서 2장에서 바울이 자신의 기도 지침을 통해 가르치는 교훈이다.

"너는 그리스도 예수의 좋은 병사로 나와 함께 고난을 받으라. 병사로 복무하는 자는 자기 생활에 얽매이는 자가 하나도 없나니 이는 병사로 모집한 자를 기쁘게 하려 함이라. 경기하는 자가 법대로 경기하지 아니하면 승리자의 관을 얻지 못할 것이며 수고하는 농부가 곡식을 먼저 받는 것이 마땅하니라. 내가 말하는 것을 생각해보라. 주께서 범사에 네게 총명을 주시리라"(딤후 2:3-6).

기도하기 위해서는 인간 존재의 모든 부분을 포함하여 전인을 드려야 한다는 사실이 이와 같은 바울의 가르침을 벗어난 다른 어떤 곳에서도 그처럼 명확하게 나타나지 않는다. 인간의 영혼을 뒤흔드는 온갖 폭풍우가 아주 커다란 평안으로 잔잔해질 때까지 기도하기 위해서는 전인을 드려야 한다. 경건한 순종을 통해 사납게 몰아치는 비바람과 거센 파도가 멈출 때까지 말이다.

우리 안에 자리 잡은 잔인한 폭군과 불의한 통치자의 본성과 삶뿐만 아니라 통치 양상조차도 바꾸고, 또한 심지어 어떤 형태로든 지배하기를 멈출 때까지 기도하기 위해서는 전인을 드려야 한다. 도도하고 교만하며 영적이지 못한 교회들이 상냥하게 낮아져서 신앙적으로 변할 때까지, 경건함과 엄숙함이 교회와 국가, 가정과 직장, 공적인 삶뿐만 아니라 사적인 삶도 넉넉히 다스릴 때까지 기도하기 위해서는 전인을 드려야 한다.

기도하는 것은 인간의 일이며, 기도하기 위해서는 사람다운 사람이 필요하다. 기도하는 것은 경건한 일이며, 기도하기 위해서는 경건한 사람이 필요하다. 또한 기도에 자신을 전적으로 내맡기는 사람은 경건한 사람이다. 기도는 그 영향력과 은혜로운 결과를 통해 굉장히 멀리까지 나아간다. 기도는 하나님, 그리고 그분의 계획과 목적을 다루는 강력하고도 심오한 일이며, 그렇게 기도하기 위해서는 온 마음을 다하는 사람이 필요하다.

적당한 마음으로, 적당히 머리를 굴리며, 적당히 기백을 불어넣는 노력은 이처럼 진지하고, 매우 중대한 천상의 일을 제대로 감당하지 못한다. 온 마음과 뜻과 정성을 다해야 기도하는 일에 동참할 수 있으며, 그로 말미암아 그 사람의 성품과 운명에 지대한 영향을 미치게 된다. 무엇이 가장 첫째이자 커다란 계명인지를 묻는 서기관의 질문에 예수님은 다음과 같이 대답하셨다.

"예수께서 대답하시되 첫째는 이것이니 이스라엘아 들으라. 주 곧 우리 하나님은 유일한 주시라. 네 마음을 다하고 목숨을 다하고 뜻을 다하고 힘을 다하여 주 너의 하나님을 사랑하라 하신 것이요 둘째는 이것이니 네 이웃을 네 자신과 같이 사랑하라 하신 것이라. 이보다 더 큰 계명이 없느니라"(막 12:29-31).

한마디로 아무 조건이나 주저 없이 우리의 모든 것이 하나님을 사랑해야 한다는 것이다. 그와 마찬가지로 하나님이 사람에게 요구하시는 기도를 실행하기 위해서는 역시 이처럼 모든 것을 드려야 한다. 한 사람의 모든 역량이 거기에 관여되어야 한다. 하나님은 사람들에게 요구하시는 사랑 안에서 마음이 나누어지는 것을 용납하실 수 없으며, 기도하는 데서도 마음이 나누어지는 사람을 참으실 수 없다.

시편 119편에서 시편 기자는 다음과 같은 말씀으로 이와 같은 진리를 가르치고 있다. "여호와의 증거들을 지키고 전심으로 여호와를 구하는 자는 복이 있도다"(시 119:2). 하나님의 계명을 지키기 위해서는 온 마음을 다하는 사람이 필요하며, 하나님을 열심히 찾기 위해서도 그와 같은 종류의 사람이 요구된다. 하나님은 이처럼 온 마음을 다하는 사람을 인정해주신다.

그와 같은 경우를 자신에게 훨씬 더 친밀하고 편안하게 다가오도록 함으로써 시편 기자는 이와 같은 선포를 자신에게 익숙한 행습으로 만들었다. "내가 전심으로 주를 찾았사오니 주의 계명에서 떠나지 말게 하소서"(시 119:10). 또한 거기서 한 걸음 더 나아가 지혜롭고 분별 있는 마음을 얻도록 하기 위한 기도의 모범을 제시하면서 하나님의 계명을 지키는 것과 관련하여 그분의 목적을 이렇게 이야기했다. "여호와여 주의 율례들의 도를 내게 가르치소서. 내가 끝까지 지키리이다. 나로 하여금 깨닫게 하여주소서. 내가 주의 법을 준행하며 전심으로 지키리이다"(시 119:33-34).

하나님의 계명에 기쁜 마음으로 충분히 순종하기 위해서는 하나님께 온 마음을 다 드려야 하는 것과 마찬가지로, 효과적이고 능력 있게 기도하기 위해서도 온 마음을 다해야 한다. 기도하기 위해서는 전인을 다 드려야 하므로 기도는 그다지 쉬운 일이 아니다. 기도하는 것은 단순히 무릎을 꿇고 기계적으로 몇 마디 말을 내뱉는 것을 훨씬 뛰어넘는다. 무릎을 꿇는다고 해서, 몇 마디 기도의 말을 내뱉는다고 해서 그걸로 충분하지는 않다. 그 입술과 더불어 마음에서도 동의가 이루어져야 한다. 그렇지 않으면 그것은 기도하는 게 아니다!

기도는 결코 가볍고 사소한 활동이 아니다. 어린아이들은 일찍부터 기도하는 법을 배워야 하지만 기도는 결코 어린아이의 일이 아니다. 기도는 인간의 모든 본성을 이용하고 의지한다. 기도는 인간의 도덕적이고 영적인 본성 가운데 존재하는 모든 역량을 총동원한다. 히브리서 5장 7절에 묘사된 대로 우리 주님도 자신의 모든 역량을 총동원하여 하나님께 기도하셨다. "그는 육체에 계실 때에 자기를 죽음에서 능히 구원하실 이에게 심한 통곡과 눈물로 간구와 소원을 올렸고 그의 경건하심으로 말미암아 들으심을 얻었느니라."

잠시만 생각해보면 우리 주님의 그와 같은 기도가 그분의 존재 자체에 잠재된 모든 능력을 얼마나 강력하게 의지하고 있는지, 그분의 본성을 이루는 모든 부분이 활동하도록 얼마나 강력하게 불러내고 있는지를 깨닫게 된다. 이것이 바로 우리 영혼을 하나님께로 가까이 데려갈 뿐만 아니라 하나님을 이 땅으로 모셔오는 기도이다. 몸, 혼, 그리고 영은 기도의 영향력 아래로 할당되어 나아오게 된다. 이와 관련하여 데이비드 브레이너드는 자신의 기도에 대해 이렇게 기록하고 있다. "비록 그늘이나 시원한 곳에 있을지라도 내가 땀에 흠뻑 젖을 때까지 하나님은 내가 기도하려고 필사적으로 애쓸 수 있게 하셨다."

겟세마네에서 하나님의 아들은 자신의 모든 존재를 쏟아부으면서 기도하려고 애쓰셨다. "그곳에 이르러 그들에게 이르시되 유혹에 빠지지 않게 기도하라 하시고 그들을 떠나 돌 던질 만큼 가서 무릎을 꿇고 기도하여 이르시되 아버지여 만일 아버지의 뜻이거든 이 잔을 내게서 옮기시옵소서. 그러나 내 원대로 마시옵고 아버지의 원대로 되기를 원하나이다 하시니 천사가 하늘로부터 예수께 나타나 힘을 더하더라. 예수께서 힘쓰고 애써 더욱 간절히 기도하시니 땀이 땅에 떨어지는 핏방울같이 되더라. 기도 후에 일어나 제자들에게 가서 슬픔으로 인하여 잠든 것을 보시고 이르시되 어찌하여 자느냐. 시험에 들지 않게 일어나 기도하라 하시니라"(눅 22:40-46). 이 기도는 예수님의 영혼과 생각과 육신의 모든 능력을 불러내는 기도였다. 즉 전인을 올려드리는 기도였다.

사도 바울은 이와 같은 종류의 기도에 상당히 친숙했다. 바울은 로마의 그리스도인들에게 편지를 쓰면서 이와 같은 방식을 따라 자신과 함께 기도하도록 촉구했다. "형제들아 내가 우리 주 예수 그리스도와 성령의 사랑으로 말미암아 너희를 권하노니 너희 기도에 나와 힘을 같이하여 나를 위하여 하나님에게 빌어 나로 유대에서 순종하지 아니하는 자들로부터 건짐을 받게 하고 또 예루살렘에 대하여 내가 섬기는 일을 성도들이 받을 만하게 하고 나로 하나님의 뜻을 따라 기쁨으로 너희에게 나아가 너희와 함께 편히 쉬게 하라. 평강의 하나님께서 너희 모든 사람과 함께 계실지어다. 아멘"(롬 15:30-33).

　"나와 힘을 같이하여"라는 말씀은 바울의 기도에 관해 이야기하고 있는데, 바울이 그 기도에 얼마나 큰 노력을 기울이고 있는지를 잘 보여준다. 이와 같은 종류의 기도, 이렇게 "나와 힘을 같이하여" 기도하는 것은 그다지 만만한 기도 요청도, 그렇게 사소한 일도 아니다. 그것은 엄청난 싸움을 해야 하는, 이기기 위해서 커다란 다툼이 있어야 하는, 거대한 전투를 치러내야 하는 그런 성격의 일이다.

　군사로서 기도하는 그리스도인은 생사를 건 싸움에 나서는 것이다. 그 사람의 명예, 불후의 명성, 영생을 모두 거기에 쏟아붓는 것이다. 이 기도는 마치 선수가 숙달을 위해, 승리의 면류관을 쓰기 위해 분투하는 것과 마찬가지며, 마치 달리기 경주에서 온 힘을 다해 달음박질하는 것과 마찬가지다. 모든 것은 그 선수가 거기에 얼마나 온 힘을 기울이느냐에 달려 있다. 그 선수는 자신의 본질 안에 있는 에너지, 열정, 민첩함, 모든 능력을 거기에 다 쏟아붓는다. 모든 능력이 최대한 발휘될 수 있도록 하기 위해 모든 역량을 총동원하여 안간힘을 쏟아붓는다. 협량함, 성의 없음, 연약함, 나태함은 전혀 찾아보기 힘들다.

　성공적으로 기도하기 위해서는 전인을 드려야 하는 것과 마찬가지로, 그 사람의 모든 존재가 차례로 그 기도의 혜택을 받아 누린다.

인간의 복잡한 존재를 구성하는 모든 부분이 참된 기도로 들어가는 만큼 그와 같은 본질을 차지하는 모든 부분 역시 그러한 기도에 대한 응답으로 하나님의 축복을 받게 된다. 이와 같은 종류의 기도는 나누어지지 않는 마음, 곧 우리가 모든 소망을 다해 주님의 마음에 전적인 동의를 하도록 돕는다.

우리가 전인을 드려서 기도할 때 차례로 그 모든 인간 존재가 얼마나 축복받는지에 대해 친히 하나님이 감찰하고 계신다. 그 사람의 몸은 기도의 유익을 취하게 되는데, 왜냐하면 상당히 많은 기도가 특별히 그 몸을 위해 이루어지기 때문이다. 의식주와 관련된 것, 건강과 신체적인 활력이 기도 응답으로 찾아오게 된다. 또렷한 정신 활동, 올바른 생각, 총명한 이해, 그리고 안전한 추리 능력은 기도를 통해 찾아오게 된다. 신적인 인도하심이란 하나님이 우리의 사고영역에 아주 깊은 감동과 인상을 남기셔서 결과적으로 우리가 지혜롭고 안전한 결정을 내린다는 뜻이다. "온유한 자를 정의로 지도하심이여 온유한 자에게 그의 도를 가르치시리로다"(시 25:9).

기도하는 수많은 설교자는 바로 이 지점에서 엄청난 도움을 얻었다. 그 설교자들에게 임하시는 성령의 기름 부으심은 우리의 사고영역에 활기를 북돋아주며, 우리 생각의 긴장을 풀어주고, 그것을 입 밖으로 표현할 수 있게 만든다. 이것이 바로 그다지 많은 교육을 받지 못한 사람도 성령의 그토록 놀라운 자유하심으로 기도하고 설교했던 옛 시절을 설명해주는 이유이다. 그 사람들의 생각은 마치 시냇물처럼 자유롭게 흘러 다녔다. 그 사람들의 전체적인 지성 체계가 거룩한 성령님의 은혜로운 영향력에 따른 자극을 민감하게 느꼈다.

그리고 물론 그 영혼은 이와 같은 종류의 기도를 통해 커다란 유익을 얻는다. 수많은 사람이 이와 같은 진술에 대해 증거할 수 있다. 그러니까 다시 한번 되풀이하여 강조하지만, 전인(全人)이 진실하고 간절하며 효과적인 기도에서 각각 자기 역할을 충분히 감당하게 되는 만큼 우리 인간의 모든 존재, 곧 영혼과 생각과 육신도 커다란 기도의 유익을 누리게 된다.

찬양과 감사는 기도를 촉진하며, 더 많은 기도와 더 나은 기도를 초래한다.

:
:

감사와 찬양은
더 나은 기도로
인도한다

S·E·C·T·I·O·N·02
감사와 찬양은 더 나은 기도로 인도한다

기도, 찬양, 감사는 모두 나란히 함께 가는 것이다. 그 사이에는 친밀한 관계가 존재한다. 찬양과 감사는 엇비슷하여 그 차이를 구별하거나 각각 따로 정의하기란 그다지 쉽지 않다. 성경은 이 세 가지를 함께 연관시키고 있다. 감사와 찬양을 드려야 할 이유는 상당히 많다. 시편은 수많은 찬양과 감사의 찬송으로 가득하며, 다시금 이 모든 것은 기도의 결과임을 지적하고 있다.

감사에는 고마운 뜻이 포함되어 있다. 사실상 감사는 단지 이미 받은 긍휼에 대해 내적으로 의식하는 고마움의 표현일 뿐이다. 고마운 마음(gratitude)은 우리 영혼의 내적인 정서이며 그 안에서 자기도 모르게 일어나는 것이지만, 감사(thanksgiving)는 고마운 마음에 대한 의식적이고 자발적으로 드러내는 구체적인 표현이다. 감사는 입 밖으로 표현하는 것이며 긍정적이고 적극적이다. 감사는 하나님께 무엇인가를 드리는 것이며 공공연하게 표출하는 것이다. 고마운 마음은 은밀하고 조용하고 소극적이고 수동적이며, 찬양과 감사로 표현될 때까지 그 존재를 명확히 드러내지 않는다. 고마운 마음은 그냥 마음에서 느껴지는 것이다. 반면 감사는 이런 내적인 감정을 겉으로 드러내는 적극적인 표현이다.

감사는 그냥 그 말 자체가 의미하는 바로서 하나님께 감사하다는 뜻을 표현하는 것이다. 감사는 이미 받은 축복에 대해 마음으로 느끼는 것을 하나님께 어떤 말로 표현하여 올려드리는 것이다. 고마운 마음은 하나님의 선하심에 대한 사색과 명상을 통해 샘솟는다. 고마운 마음은 하나님이 우리를 위해 행하신 일에 대한 진지한 묵상으로 인해 생겨난다. 고마운 마음과 구체적인 감사는 둘 다 하나님과 그분의 긍휼하심을 가리키며, 그 둘과 직접적인 관련이 있다. 우리 마음에는 의식적으로 하나님에 대한 고마움이 자리 잡고 있다. 우리 영혼은 마음에서 우러나는 고마움을 하나님께 말이나 행동으로 표현하게 된다.

고마운 마음은 하나님의 은혜와 긍휼에 대한 묵상에서 생겨난다. "여호와께서 우리를 위하여 큰일을 행하셨으니 우리는 기쁘도다"(시 126:3). 여기서 우리는 진지한 묵상의 가치를 보게 된다. "나의 기도(묵상)를 기쁘게 여기시기를 바라나니 나는 여호와로 말미암아 즐거워하리로다"(시 104:34). 찬양은 고마운 마음으로 인한 발현하며, 이미 받은 긍휼에 대해 하나님께 마땅히 의식적으로 드려야 하는 것이다. 우리가 과거의 긍휼에 대해 생각할 때 우리 마음은 내면에서 고마움을 느끼는 쪽으로 움직여 나아가게 된다.

> 나는 과거의 긍휼에 대해 생각하기를 무척 좋아한다.
> 또한 장래의 선을 위해 탄원하는 것도 매우 좋아한다.
> 그리고 내 모든 염려와 슬픔을
> 내던지는 것도 아주 좋아한다.
> 내가 사모하는 우리 주님께 모두 올려드리는 것 말이다.

사랑은 고마움의 자식이다. 사랑은 고마움을 느낄 때 자라나며, 그런 다음에는 하나님을 향한 찬양과 감사로 나아가게 된다. "여호와께서 내 음성과 내 간구를 들으시므로 내가 그를 사랑하는도다. 그의 귀를 내게 기울이셨으므로 내가 평생에 기도하리로다"(시 116:1-2). 응답받은 기도는 고마운 마음을 일으키고, 고마움은 기도하기를 멈추지 않겠다고 선포하는 사랑을 낳는다. 고마움과 사랑은 더 크고, 더 많은 기도로 나아가게 한다.

사도 바울은 로마서에서 하나님께 전적으로 헌신하도록, 자신을 거룩한 산 제물로 드리도록 호소했는데, 그렇게 할 수밖에 없었던 동기는 바로 하나님의 긍휼 때문이었다.

"그러므로 형제들아 내가 하나님의 모든 자비하심으로 너희를 권하노니 너희 몸을 하나님이 기뻐하시는 거룩한 산 제물로 드리라. 이는 너희가 드릴 영적 예배니라. 너희는 이 세대를 본받지 말고 오직 마음을 새롭게 함으로 변화를 받아 하나님의 선하시고 기뻐하시고 온전하신 뜻이 무엇인지 분별하도록 하라"(롬 12:1-2).

하나님의 긍휼에 대한 심사숙고는 고마운 마음을 낳을 뿐만 아니라 우리 존재 전부를 하나님께 완전히 성별하여 드리게 만든다. 그러므로 이와 같은 기도, 내드림, 성별은 모두 서로 불가분 연결되어 있다.

고마움과 감사는 항상 과거를 되돌아보게 만든다. 비록 그것을 현재로 받아들일 수 있기도 하지만 말이다. 그러나 기도는 항상 미래를 내다본다. 감사는 이미 받은 것들을 다룬다. 기도는 바라고 간구하고 기대하는 것들을 다룬다. 이미 간구했던 것들이 하나님으로부터 허락되었을 때 기도는 고마움과 찬양으로 바뀌게 된다. 기도가 우리에게 고마움과 감사를 낳는 결과를 가져오는 것과 마찬가지로 찬양과 고마움은 기도를 촉진하며, 더 많은 기도와 더 나은 기도를 초래한다.

고마움과 감사는 하나님이 우리에게 행하신 일에 대해 중얼거리는 모든 시도, 우리의 운명에 대해 투덜대는 태도와 전혀 상반된 위치에서 영원토록 든든히 서 있다. 고마움과 중얼거림은 결코 동시에 같은 마음속에 거하지 못한다. 감사하지 않는 영은 고마움과 찬양 곁에 서 있지 못한다. 진정한 기도는 불평을 바로잡고 고마움과 감사를 촉진시킨다. 그러나 자기 운명에 만족하지 못하고, 하나님의 섭리 안에서 우리에게 이루어지는 일에 만족하지 않는 성향은 고마움의 적이며 감사의 원수이다.

중얼거리고 투덜대는 사람들은 고마워하지 않는 자들이다. 감사하는 사람들은 가만히 멈춰 서서 불평할 시간이나 성향을 갖고 있지 못하다. 이스라엘 백성들이 광야를 거쳐 가나안 땅으로 들어가는 여정에서 가장 해결하기 힘든 골칫거리는 바로 하나님과 모세에 대해 투덜대고 불평하는 것이었다. 이로 말미암아 하나님은 여러 차례 대단히 슬퍼하셨으며, 모세의 목숨을 건 강력한 기도가 아니었다면 그들은 불평에 대한 하나님의 진노를 피하기 어려웠을 것이다. 이처럼 고마움을 모르는 곳에서는 찬양과 감사를 위한 여지나 성향이 남아 있지 못한다. 오직 불평만 존재할 뿐이다.

사도 바울은 골로새 교인들에게 편지를 쓰면서 그리스도의 말이 그 안에 풍성하게 거하며, 하나님의 평강이 그 안에 거하도록 이렇게 강권한다.

"그리스도의 평강이 너희 마음을 주장하게 하라. 너희는 평강을 위하여 한 몸으로 부르심을 받았나니 너희는 또한 감사하는 자가 되라. 그리스도의 말씀이 너희 속에 풍성히 거하여 모든 지혜로 피차 가르치며 권면하고 시와 찬송과 신령한 노래를 부르며 감사하는 마음으로 하나님을 찬양하고 또 무엇을 하든지 말에나 일에나 다 주 예수의 이름으로 하고 그를 힘입어 하나님 아버지께 감사하라"(골 3:15-17).

또한 바울은 데살로니가 교인들에게 편지하면서 기도와 감사를 하나로 연결한다. "항상 기뻐하라. 쉬지 말고 기도하라. 범사에 감사하라. 이것이 그리스도 예수 안에서 너희를 향하신 하나님의 뜻이니라"(살전 5:16-18).

천지의 주재이신 주님, 당신께 감사하나이다.
태어나기 전부터 우리를 지켜 보호해주신 분
자주 죽음과 두려움에서 우리를 구속해주신 분
주님은 우리의 상 위에 온갖 선물을 가득 펼쳐 보이시나이다.

참된 기도가 있는 곳은 어디든지 우리에게 임하는 응답에 반응할 준비를 끝낸 감사와 고마움이 자리 잡고 있다. 왜냐하면 기도가 응답을 가져오는 것과 마찬가지로 그 응답 역시 고마움과 찬양을 초래하기 때문이다. 기도가 하나님이 일하시게 만드는 것과 마찬가지로 응답된 기도 역시 감사가 일하게 만든다. 낮에 밤이 뒤따르는 것과 마찬가지로 응답된 기도에는 반드시 감사가 뒤따라야 한다. 그렇기에 참된 기도는 온전한 성별로 인도하며, 그 성별은 더 많은 기도와 더 나은 기도로 인도한다. 성별된 삶이란 다름 아닌 기도생활과 감사생활이다.

찬양의 영은 한때 초기 교회의 자랑거리였다. 이 영은 이러한 초대 그리스도인들의 성소에 언제나 머물러 있었다. 빛을 비추고 말씀하시는 하나님이 영광의 구름으로 임재하셨던 것처럼 말이다. 그 영은 불타오르는 값비싼 향료의 향기와 더불어 온 성전을 가득 채웠다. 오늘날 우리의 회중 사이에서 슬플 정도로 결핍된 이와 같은 찬양의 영이 주의 모든 증인에게 분명히 나타나야 한다. 그것이야말로 복음을 전파하는 데 있어서 매우 강력한 원동력이며, 그리스도의 몸에도 필수적인 힘이라는 사실 역시 확연히 드러나야 한다.

회중에게 찬양의 영을 회복시키는 것은 모든 진실한 목회자에게 나타나는 주요 특징 가운데 하나가 되어야 한다. 교회의 정상적인 상태는 시편 65편에서 하나님이 선포하시는 말씀 가운데 제시되어 있다.

"하나님이여 찬송이 시온에서 주를 기다리오며 사람이 서원을 주께 이행하리이다. 기도를 들으시는 주여 모든 육체가 주께 나아오리이다"(시 65:1-2).

찬양과 기도는 너무나도 뚜렷하고 분명하게 어우러져 있으며,

떼려야 뗄 수 없을 정도로 너무나도 강하게 서로 결합되어 있다. 찬양은 최대한 가장 감미로운 선율로 기도에 의존하고 있다. 흔히 노래를 부르는 것도 찬양의 일종이며, 그것이 가장 고상한 형태는 아니더라도 일상적이고 보편적인 형식이라고 할 수 있다. 교회에서 노래를 부르는 섬김은 대개 찬양과 상당히 깊은 관련이 있다. 왜냐하면 찬양의 진정성이나 척도는 그 노래의 성격에 따라 달라질 것이기 때문이다. 그런데 이렇게 노래는 부르는 것이 오히려 기도를 방해하고 타락시키는 요소들을 끌어들이는 쪽으로 나아갈 수도 있다. 교회에서 노래하는 것이 오히려 감사나 찬양을 몰아내는 쪽으로 이끌 수도 있다. 오늘날 교회에서 부르는 수많은 현대적인 노래는 마음에서 우러나는 진실한 찬양과는 매우 생소한 모습을 보여주고 있다.

기도의 영과 진정한 찬양의 영은 나란히 함께 간다. 그러나 우리가 교회에서 경솔하고 사려 깊지 못하며 가벼운 노래를 불러댐으로써 둘 다를 완전히 사라지게 할 수도 있다. 이러한 수많은 노래에는 진지한 생각이 없으며, 헌신적인 영과 같은 것이 거의 보이지 않는다. 그러한 노래에 담겨 있는 욕망과 광채는 온갖 예배의 특징을 앗아갈 뿐만 아니라 그와 같은 영들을 오직 육신으로 대체할지도 모른다.

감사를 드리는 것은 바로 기도의 삶이다. 그것은 기도의 향기이자 음악이며, 기도의 시(詩)이자 면류관이다. 바라던 응답을 가져오는 기도는 찬양과 감사가 터져 나오게 한다. 그러므로 기도의 영을 방해하고 상하게 하는 것은 필연적으로 찬양의 영에 해를 입히고 결국 사라지게 만든다.

우리 마음은 언제나 하나님을 찬양하는 노래를 부르기 위해 기도의 은혜 안에 머물러 있어야 한다. 영적인 노래는 음악적인 취향이나 재능으로 이루어지는 게 아니라 우리 마음속에 자리 잡은 하나님의 은혜로 이루어진다. 그 어떤 것도 교회 안에서 참된 신앙의 은혜로운 부흥만큼 그토록 강력하게 찬양을 도와주지 못한다.

하나님의 임재에 대한 의식은 노래를 고취시킨다. 하늘에 있는 천사들과 영화로운 존재들은 자신을 인도해주는 예술감독이 필요하지 않으며, 찬양과 경배에 대한 하늘의 찬가를 울려 퍼지게 하기 위해 성가대를 돌봐야 할 필요도 없다. 그 존재들은 찬양 악보와 음계를 가르치는 찬양학교에 의존하지도 않는다. 이들의 노래는 자기도 모르게 그냥 마음에서 저절로 터져 나오는 것이다.

하나님은 오직 온전해진 사람들의 영과 천사들의 천국 총회에 곧바로 참가하신다. 하나님의 영광스러운 임재는 노래를 만들어내고, 노래하는 법을 가르치고, 그 존재들에게 찬양의 음조가 가득 스며들게 만든다. 그것은 이 땅에서도 마찬가지다. 하나님의 임재는 찬양과 감사를 낳지만 하나님의 부재는 우리로 찬양의 죽음에 이르게 하거나 그에 상응할 정도로 아무 생기 없이 냉랭하고 형식적으로 찬양을 부르게 만든다. 우리 교회에 찾아오는 하나님의 의식적인 임재는 찬양의 시절로 되돌아가게 할 것이며, 완벽한 찬양의 합창을 회복시켜줄 것이다.

은혜가 풍성한 곳에는 찬양도 풍성하다. 하나님이 그 마음속에 자리 잡고 있을 때 천국이 임하고 선율이 있으며, 입술에는 마음의 풍요로움이 흘러넘치게 된다. 이것은 성도의 회중에서와 마찬가지로 성도들의 개인적인 삶에서도 진실이다. 찬양의 퇴락, 즉 노래 가운데 찬양의 영이 서서히 죽어가다가 완전히 사라진다는 것은 우리 마음속에서 은혜가 쇠퇴하며 우리에게서 하나님의 임재가 없어진다는 뜻이다.

모든 찬양의 주요 목적은 하나님의 귀에 닿도록 하는 것이며, 그분의 주목을 받고, 그분을 기쁘게 하는 데 있다. 그 목적은 하나님께, 그분의 영광을 위해, 그분의 명예에 관해 노래하는 것이다. 분명히 그 목적은 성가대의 영광을 위한 것도 아니며, 노래하는 사람들의 놀라운 음악적인 능력을 칭송하기 위한 것도 아니다. 또한 사람들을 교회로 끌어들이기 위한 것도 아니라 오직 하나님의 영광과 회중 가운데 있는 영혼들의 선을 위한 것이다. 아, 슬프도다! 현대 교회의 성가대에서 부르는 노래들은 이와 같은 개념에서 얼마나 멀어져 있단 말인가!

오늘날 들려오는 수많은 교회 찬양에서 아무런 생명도, 능력도, 기름 부음도, 영도 찾아볼 수 없다는 것은 이제 전혀 놀라운 일이 아니다. 기도하는 하나님의 집을 섬기면서 성별된 마음과 거룩한 입술이 아닌 다른 어떤 것으로 찬양의 영역을 인도하는 것은 신성모독이다. 교회에서 부르는 수많은 노래는 오페라 하우스에서 불려도 좋을 만큼 그럴듯하며, 우리 귀를 기쁘게 하는 단순한 예능으로서 우리를 만족시킬 수 있다.

하지만 참된 예배 일부로서 그 안에 찬양과 기도의 영이 있는지를 곰곰이 생각해 본다면 그것은 영적인 마음을 가진 사람들에 대한 기만행위이자 속임수에 지나지 않으며, 하나님께도 전혀 받아들여질 수 없는 것이다. 그렇기에 "하나님이여 민족들이 주를 찬송하게 하시며 모든 민족이 주를 찬송하게 하소서"(시 67:3)라는 부르짖음이 다시 새롭게 터져 나와야 한다. 왜냐하면 "할렐루야. 우리 하나님을 찬양하는 일이 선함이여 찬송하는 일이 아름답고 마땅"(시 147:1)하기 때문이다.

찬양 가운데 우리 영혼의 참된 음악이 있어서 찬양의 음악은 너무 희망차고 행복한 것이라 도저히 부인할 수 없을 정도이다. 이 모든 것이 "여호와께 감사드리는 것"에 속해 있다. 빌립보서에서는 기도를 "구할 것"이라고 부르고 있다.

"아무것도 염려하지 말고 다만 모든 일에 기도와 간구로 너희 구할 것을 감사함으로 하나님께 아뢰라"(빌 4:6).

이 말씀은 마치 선물을 달라고 요구하는 것처럼 기도를 묘사하고 있다. 이는 달라고 요구한 것을 부각하면서 하나님이 주셔서 이미 우리가 받은 것을 강조하는 반면, 그것은 우리로 말미암아 이루어진 게 전혀 아니라는 의미가 담겨 있다. 또한 이 모든 것은 "너희 구할 것을 감사함으로 하나님께 아뢰라"는 말씀에 따라 하나님께 고마움을 표하는 것과 밀접하게 관련되어 있다.

하나님은 기도에 응답하는 과정에서 우리를 위해 많은 일을 행하시지만, 우리는 그분으로부터 더 많은 선물을 받아야 하며, 그 선물을 받기 위해 특별히 기도해야 한다. 우리의 특별한 필요에 따라 우리의 기도 역시 특별해야 한다. 이처럼 우리는 특별하고 각별해져야 하며, 우리가 특별히 구하는 것들, 우리에게 필요한 것들, 우리가 간절히 바라는 것들을 기도, 간구, 감사를 통해 하나님이 아시도록 해야 한다. 또한 이 모든 것과 함께 이 모든 구한 것에 이어서 감사가 있어야 한다.

우리가 이 땅에서 행하도록, 찬양하며 감사를 올려드리도록 부르심을 받은 것에 대해 하늘에 있는 천사들과 함께 구속받고 육신을 떠난 성도들의 영도 역시 그렇게 하고 있다고 여기는 것은 유쾌한 생각이다. 하나님이 이 땅에서 우리가 행하기를 원하시는 것에 대해, 우리가 영원무궁토록 다함없이 행하는 데에 동참하리라는 영광스러운 소망을 묵상하는 것은 훨씬 더 기쁜 일이다. 우리가 천국에 머무는 동안 찬양과 감사는 우리의 복된 임무로 자리 잡게 될 것이다. 또한 이처럼 즐거운 임무에 대해 우리는 절대 피곤해지지도 않을 것이다.

17세기 영국의 유명한 수필가였던 조셉 애디슨(Joseph Addison)은 이와 같은 즐거운 전망을 다음의 시구로 우리 앞에 제시한다.

제가 살아가는 인생의 구비 구비마다
저는 당신의 선하심을 쫓아갑니다.
또한 죽음 이후에 멀리 저 세상에서도
이처럼 흥거운 주제는 늘 새로울 것입니다.

영원무궁토록 당신에게
감사와 찬송을 올려드리나이다.
아, 그러나 당신에 대한 찬양을 모두 올려드리기에는
오히려 영원조차도 너무나 짧습니다.

하나님의 위대한 일은 기도의 사람을 통해 기도의 법칙 안에서 섭리한다.

:
:

하나님의 일은
기도 안에서
이루어진다

S·E·C·T·I·O·N·03
하나님의 일은 기도 안에서 이루어진다

하나님은 이 세상에서 이루어지는 위대한 일을 손수 챙기신다. 이 일은 하나님의 구원 계획과 관련되어 있다. 거기에는 구속과 섭리가 포함된다. 하나님은 온갖 지적인 존재와 함께 자신의 영광과 그 존재들의 선을 위해 이 세상을 다스리고 계신다. 그렇다면 이 세상에서 하나님의 일이란 무엇인가? 좀 더 정확히 말하자면 하나님이 그분의 위대한 일을 통해 추구하시는 목적은 도대체 무엇인가? 그것은 타락한 아담 자손들의 삶과 마음에 거룩함을 회복하는 것이다.

인간은 타락한 피조물로서 사악한 본성과 사악한 기질을 타고났으며, 거룩하지 못한 성향, 죄악된 욕망, 사악한 성향을 지니고 태어난다. 인간은 본성상 거룩하지 못하며, 그렇게 태어난다. "악인은 모태에서부터 멀어졌음이여 나면서부터 곁길로 나아가 거짓을 말하는도다"(시 58:3). 하나님의 온전하신 계획은 타락한 인간을 꽉 붙잡아서 그 인간을 변화시켜 거룩하게 만들려는 것이다. 이것이 바로 그리스도께서 이 땅에 오신 목적이다. "하나님의 아들이 나타나신 것은 마귀의 일을 멸하려 하심이라. 하나님께로부터 난 자마다 죄를 짓지 아니하나니 이는 하나님의 씨가 그의 속에 거함이요 그도 범죄하지 못하는 것은 하나님께로부터 났음이라"(요일 3:8-9).

하나님은 본성상 거룩하시며, 하나님이 걸어가시는 모든 길 역시 거룩하다. 그래서 하나님은 인간도 하나님처럼 거룩하기 원하신다.

"오직 너희를 부르신 거룩한 이처럼 너희도 모든 행실에 거룩한 자가 되라. 기록되었으되 내가 거룩하니 너희도 거룩할지어다 하셨느니라"(벧전 1:15-16).

이것은 그리스도처럼 되는 것이다. 이것은 예수 그리스도를 따르는 것이다. 이것은 모든 그리스도인이 노력하는 목표이다. 이것은 진정으로 중생한 모든 영혼의 신실하고도 진심 어린 소망이다. 이것이 바로 끊임없이 진심으로 기도해야 하는 이유이다. 우리가 스스로 거룩하게 만드는 게 아니라 그리스도의 구속적인 보혈을 통해 모든 죄로부터 정결해져야 하며, 성령이라는 직접적인 대리자를 통해 거룩해져야 한다.

우리는 무슨 거룩한 행위를 해야 하는 게 아니라 그냥 거룩한 존재가 되어야 한다. 존재가 행실을 앞서야 한다. 존재가 먼저요, 그다음이 행실이다. 먼저 거룩한 마음에 도달해야 하며, 그다음으로 거룩한 삶을 살아야 한다. 그리고 이 같은 숭고하고 은혜로운 목적을 위해 하나님은 예수 그리스도의 구속 사역과 성령님이라는 대리자를 통해 가장 풍성한 섭리를 이루어 오셨다.

이 세상에서 하나님이 행하시는 일은 자기 백성들에게 거룩함을 이식하고 성장시키고 온전하게 하시는 것이다. 이것을 항상 마음에 새겨야 한다. 그러나 우리는 지금 당장 이렇게 물을 수도 있다. "이 일이 교회 안에서 진전되고 있는가? 각 사람이 거룩해지고 있는가? 오늘날 교회가 각 사람을 거룩하게 만드는 일에 참여하고 있는가?" 이것은 전혀 소용없는 탁상공론이 아니다. 이것은 매우 실제적이며 적절하며 매우 중요한 질문이다.

오늘날 교회는 거대한 조직을 갖추고 있다. 교회의 각종 활동은 대단히 왕성하며, 교회의 물질적인 번영은 역사상 거의 유례가 없을 정도로 전무후무하다. 종교의 이름이 널리 만연해 있으며 두루 잘 알려져 있다. 수많은 돈이 우리 주님의 금고로 들어와서는 엄청난 규모로 지급되고 있다.

그러나 여기서 한 가지 질문이 있다. 거룩함과 관련된 일도 역시 이 모든 것과 함께 보조를 맞추고 있는가? 교인들의 기도에 대한 부담이 자신을 거룩하게 만들고 있는가? 교회의 설교자들은 정말로 거룩한 사람들인가? 또한 한 걸음 더 나아가서 그 설교자들은 의에 주리고 목마른 자들이며, 자신이 쑥쑥 자랄 수 있는 말씀의 신령한 젖을 사모하고 있는가? 그 설교자들은 진정으로 거룩한 사람들이 되려고 애쓰고 있는가? 물론 지성적인 사람들도 강단에 엄청나게 필요하지만, 그보다 더 중요한 것은 죽어가는 사람들 앞에 서서 하나님의 구원을 선포할 수 있는 거룩한 목회자들이 우리에게 필요하다는 사실이다.

평범한 성도들과 마찬가지로 목회자는 삶과 대화와 기질 영역에서 거룩한 사람이 되어야 한다. 목회자는 모든 일에서 하나님의 양떼들에게 본보기가 되어야 한다. 목회자는 각자의 삶을 통해 웅변할 뿐만 아니라 선포해야 한다. 강단에 서는 목회자는 일상생활에서 아무런 흠이 없어야 하며 행실에서 신중해야 할 필요가 있다.

"그러므로 나의 사랑하는 자들아 너희가 나 있을 때뿐 아니라 더욱 지금 나 없을 때에도 항상 복종하여 두렵고 떨림으로 너희 구원을 이루라. 너희 안에서 행하시는 이는 하나님이시니 자기의 기쁘신 뜻을 위하여 너희에게 소원을 두고 행하게 하시나니 모든 일을 원망과 시비가 없이 하라. 이는 너희가 흠이 없고 순전하여 어그러지고 거스르는 세대 가운데서 하나님의 흠 없는 자녀로 세상에서 그들 가운데 빛들로 나타내며 생명의 말씀을 밝혀 나의 달음질이 헛되지 아니하고 수고도 헛되지 아니함으로 그리스도의 날에 내가 자랑할 것이 있게 하려 함이라"(빌 2:12-16).

다시 한번 이렇게 질문해보고 싶다. 우리 가운데 지도자의 위치에 서 있는 평신도들은 거룩함의 본보기가 되고 있는가? 그들은 진정으로 마음과 삶의 거룩함을 추구하고 있는가? 그들은 기도하는 자들인가? 과연 하나님이 거룩함에 관한 그분의 양식에 따라 그 사람들을 빚어 가시도록 언제나 기도하는 자들인가? 그들의 일 처리 방식에는 아무런 죄악의 얼룩이 없으며, 그들이 추구하는 이득은 그릇된 행실로 전혀 오염되지 않은 것인가? 그들은 견고한 정직의 기초 위에 서 있으며, 그러한 강직함이 그들에게 좋은 평판과 영향력을 가져다주고 있는가? 업무상 진실성과 정직함이 신앙적인 활동과 교회생활에 필요한 준수사항과 나란히 보조를 맞추고 있는가?

그다음으로 우리 자신을 자세히 살펴보는 동안, 하나님의 백성들 사이에서 하나님의 일이 진전을 이루고 있는지를 밝히 알아보는 동안, 우리 여성들에 관해 좀 더 질문을 던져보자. 우리 교회의 지도자적 위치에 있는 여성들은 이 세상 풍조에 완전히 자신을 죽였는가? 이 세상의 격언과 풍습을 따르지 않고, 세상과는 단절된 삶을 살고 있는가? 그 여성들은 거룩한 행실을 보이면서 말과 삶을 통해 젊은 여성들에게 술 취하지 않음, 순종, 가정 살림 등에 관한 교훈을 가르치고 있는가? 우리 여성들은 기도하는 습관 때문에 주목받고 있는가? 그 여성들이 기도의 전형이 되고 있는가?

이 모든 질문이 얼마나 우리를 훤히 꿰뚫어 보는가? 그러므로 도대체 누가 감히 이러한 질문들을 엉뚱하고 제정신이 아니라고 말할 수 있단 말인가? 만약 하나님의 일이 각 사람을 거룩하게 만드는 것이어야 한다면, 그리고 하나님이 바로 이와 같은 일을 이루는 기도의 법칙 안에서 풍성한 섭리를 베푸신다면 도대체 왜 이처럼 개인적이고 적절한 질문들을 던지는 게 엉뚱하고 소용없는 짓이라고 생각해야 한단 말인가? 그와 같은 질문들은 하나님의 일과 직접적으로 관계를 맺고 있으며, 그 일의 진전과 온전함도 마찬가지다. 그 질문들은 각종 병폐의 핵심으로 나아간다. 그 질문들은 속을 시원하게 할 만큼 정곡을 찌른다.

매도 먼저 맞는 게 낫다는 속담처럼 우리는 나중보다 차라리 먼저 그 상황에 직면하는 게 훨씬 더 낫다. 실상에 우리 눈을 아무리 닫아봤자 소용이 없다. 만약 교회가 이와 같은 일을 하지 않는다면, 만약 교회가 교우들에게 마음과 삶의 거룩함으로 나아가게 하지 못한다면 우리가 보여주는 온갖 활동과 우리가 보여주는 모든 교회 사역은 망상이자 함정에 지나지 않는다.

그러나 교회의 또 다른 거대하고도 중요한 계층의 사람들에게 한번 물어보자. 그 사람들은 미래 교회의 소망이다. 모든 눈길이 그 사람들에게로 모인다. 그들은 젊은이들이다. 그렇다면 그들은 분별력과 존경심 안에서 새로워진 마음에 뿌리는 두고 있으며, 거룩한 삶 가운데 단단하고 영속적인 진전이 있음을 확연하게 보여주는 그러한 온갖 은혜 안에서 자라가고 있는가? 만약 거룩함 안에서 자라가고 있지 않다면 우리는 경건한 일을 아무것도 하지 않거나 거기에 전혀 머무르고 있지 않다는 뜻이다.

물질적인 번영은 영적인 번영의 흔들리지 않는 확실한 표지가 아니다. 물질이 현저하게 부족하더라도 얼마든지 영성이 존재할 수 있다. 물질적인 번영은 교회 지도자들의 눈을 매우 쉽게 멀게 하여, 그것을 마치 영적인 번영으로 너무나 쉽게 둔감시킨다. 이와 같은 요점에 대해 경계심을 갖는 것이 얼마나 심각하게 필요하단 말인가! 재정적인 문제에서 찾아오는 번영이 반드시 거룩함의 성장을 의미하지는 않는다. 물질적인 번영의 계절이 곧바로 영적인 진전의 계절로 이어지는 경우는 지극히 드물며, 그것은 개인이든 교회든 둘 다 마찬가지다. 재물이 쌓이는 시기에는 하나님을 바라보는 시선을 너무나 쉽게 놓치게 된다. 물질적인 번영이 교회에 찾아올 때는 너무나 쉽게 인간 대리자에 더욱 기대면서 하나님께 기도하고 그분을 의지하는 일을 멈추게 된다.

만약 하나님의 일이 진전되고 있으며 우리가 거룩함 안에서 자라고 있다고 명백히 주장한다면 다음과 같은 여러 가지 당혹스러운 질문이 제기된다. 만약 교회가 깊은 영성의 길로 나아가고 있다면, 만약 우리가 기도하는 습관 때문에 알려진 기도하는 사람들이라면, 만약 우리 교인들이 거룩함에 목말라하는 사람들이라면 한번 이렇게 물어보라. 지금 우리 주변의 교회들과 우리에게 왜 이다지도 성령의 강력한 임재가 적게 나타난단 말인가? 깊은 영성으로 유명한 목회자의 생명이나 교회의 생명으로부터 왜 이다지도 희박하게 부흥이 일어난단 말인가? 사람들을 구원할 수 없을 정도로 우리 주님의 팔이 짧기라도 하단 말인가? 우리 주님의 귀가 제대로 알아들을 수 없을 정도로 멀기라도 했단 말인가? 소위 부흥이 일어나기 위해서 왜 우리가 어떤 저명한 복음전도자의 평판과 감각에 기대어 외부적인 압박을 받아야 한단 말인가?

이러한 현상은 우리의 더욱 커다란 여러 가지 책임들, 그리고 우리의 지도자적인 사람들에게서 주로 사실로 드러난다. 도대체 왜 목회자들이 충분히 영적이거나 거룩하지 못하고 하나님과 교제를 나누지 못하는 바람에 자신의 부흥을 위한 예배도 하나님께 당당히 올려드리지 못하고 있단 말인가? 그뿐만 아니라 교회, 공동체, 그리고 목회자 자신을 향한 성령의 거대한 임재를 온전히 담아낼 수 없단 말인가?

이 모든 형국에 대해서는 단 한 가지 해결책밖에 없다. 우리는 거룩함과 관련한 일들을 게을리하면서까지 다른 일들을 진전시키기 위해 열심히 애썼다. 우리는 자기 마음이 교회에서마저도 물질적인 것들에 사로잡히도록 가만히 내버려 두었다. 불행히도 고의적이든 아니든 간에 우리는 지금까지 외적인 것으로 내적인 것을 대체시켜 버렸다. 우리는 눈앞에 보이는 것들을 가지고 우리 눈에 보이지 않는 것들을 가로막아버렸다. 우리가 영적인 문제보다는 물질적인 문제에서 훨씬 더 많은 진전을 이루어냈다는 사실은 특히 교회에 관해서는 너무나 명약관화(明若觀火)하다.

그러나 이런 슬픈 형국의 원인은 훨씬 더 멀리까지 거슬러 올라 갈 수 있을 것이다. 그것은 주로 기도의 붕괴 때문이다. 왜냐하면 거룩함과 관련된 일의 쇠퇴와 더불어 기도하는 일의 쇠락이 찾아오기 때문이다. 기도와 거룩함이 나란히 함께 가는 것과 마찬가지로 어느 하나의 쇠퇴는 다른 하나의 쇠락을 의미한다. 그렇게 할 수만 있다 면 그 이유를 한번 설명해보라. 그렇게 할 마음이 있다면 현재 형국 을 한번 정당화해보라. 아무리 그래도 오늘날 교회의 일에 관한 강 조에서 기도가 빠져 있다는 사실은 너무나 명백하다.

그러니까 이와 같은 일들이 교회 안에서 버젓이 일어나고 있는 것과 마찬가지로 우리 마음과 삶의 구속과 거룩함에 착수하신 하나 님의 위대한 일에 관해서도 그와 같은 강조가 점차 빠지게 되었다. 그러한 교회는 기도하는 사람들을 양성하지 못하고 있다. 왜냐하면 오늘날의 교회는 대체로 거룩함이라는 단 한 가지 위대한 일에 오직 전념하고 있지 않기 때문이다.

언젠가 한번은 존 웨슬리가 거룩함과 관련된 일에서 충분히 알 아차릴 만큼 심각한 퇴보를 목격하고는 잠시 멈춰 서서 그 원인을 골똘히 자문해보았다. 만약 존 웨슬리만큼 정직하고 영적이라면 우 리도 지금 우리 가운데서 하나님의 일을 지체시키도록 작용하는 그 와 같은 원인을 보게 될 것이다. 동생 찰스 웨슬리에게 보낸 편지에 서 존 웨슬리가 직설적으로 요점을 지적하면서 매우 간결하면서도 날카롭게 다음과 같이 통찰하고 있다. 여기에 요한 웨슬리의 편지

가운데 일부를 소개한다.

지금까지 무엇이 하나님의 일을 방해하였던가? 난 그 이유를 곰곰이 생각해보고 싶다. 그러니까 우리는 먼저 자신을 최고라고 스스로 말해서는 안 된다. 만약 우리가 마음과 삶에서 더욱 거룩하다면, 철저하게 하나님께 헌신되어 있다면 모든 설교자가 불을 받아서 온 땅에 그 불을 가지고 나아가지 않았겠는가?

상당수 설교자에게 (은사가 아니라) 은혜가 부족하다는 것이 그 다음에 두 번째로 직면하는 장애물이 아니던가? 그 사람들에게는 그리스도 안에 자리 잡고 있었던 하나님 나라에 대한 총체적인 마음이 없다. 그 사람들은 그리스도께서 걸어가셨던 것처럼 꾸준히 하나님과 동행하지 않는다. 그러므로 주님의 나라가 비록 전부는 아닐지라도, 설령 그리스도께서 여전히 일하고 계시기는 하지만 활발히 전진하지 못하고 여전히 정체 상태를 벗어나지 못하고 있다. 그러나 자신을 보내셨던 주님이 거룩하신 만큼 그 사람들이 스스로 거룩해지려고 노력했더라면 분명히 지금처럼 그렇게 심각한 정도에 처해 있지는 않았을 것이다.

대체로 우리 성도들에게 은혜가 부족하다는 것이 세 번째로 직면하는 장애물이 아닌가? 그러니까 그들은 거의 기도하지 않을 뿐만 아니라 별다른 뜨거운 열정도 없이 그냥 일반적인 축복을 달라고 막연히 기도하게 된다. 그러므로 이와 같은 기도는 하나님께 거의 능력을 발휘하지 못한다. 그러한 기도는 한때 그랬던 것처럼 천국 문을 여닫지 못한다.

여기에 더해 그 성도들의 마음속에 상당히 많은 세상의 영이 자리 잡은 것처럼 그 성도들의 삶에는 세상을 따르는 모습도 상당히 많이 자리 잡고 있다. 그러므로 그들에게 찬란하게 빛나는 광채가 외부에서 임해야 하기도 하지만, 그들은 내면에서 스스로 타오르거나 빛을 발하지 못하고 있다. 그들은 스스로 준수해야 한다고 고백하는 규례들에 진실하지 못했다. 그들은 모든 대화 방식에서 거룩하지 못했다.

그렇다. 그 가운데 많은 사람은 맛을 잃은 소금이며, 한때 지녔던 아주 조그만 맛조차 아예 잃어버렸다. 그렇다면 도대체 어떻게 그것으로 나머지 온 땅에 맛을 더할 수 있겠는가? 그와 같은 처지에 놓여 있는 우리가, 이웃들이 지금처럼 거룩하지 않다고 해서 도대체 무엇을 어떻게 의아하게 여길 수 있단 말인가?

요한 웨슬리는 정확히 맞히고 있다. 제대로 핵심을 꿰뚫고 있다. 나름대로 원인을 파악하고 있다. 자신과 동생이 이와 같은 거룩함의 쇠퇴과정에서 첫 번째 원인 제공자라고 거침없이 고백하고 있다. 가장 높은 자리에 있는 사람들이야말로 전적인 책임을 감당해야 하는 자리를 차지하고 있다. 그 사람들이 취하는 방향에 따라서 교회 역시 그 방향으로 나아간다. 그 사람들은 교회에 색깔을 입힌다. 그 사람들은 교회의 성격과 일을 결정한다. 이처럼 중요한 사람들에게 어떤 거룩함이 나타나야 한단 말인가? 어떤 열정이 이 사람들에게 특징적으로 나타나야 할 것인가? 기도하는 모습을 그 사람들에게서 얼마나 많이 보아야 한단 말인가! 얼마나 커다란 영향력을 그 사람들이 하나님께 드러내야 한단 말인가! 만약 이처럼 머리가 약하다면 온몸이 여지없이 타격을 입게 될 것이다.

목회자들이 요한 웨슬리의 목록에서 바로 다음에 나타난다. 주요 목자들과 그 아래 있는 사람들, 현직 목회자들이 거룩함에서 한 걸음도 전진하지 못하고 있을 때 그 공황 상태는 모든 사람에게까지 두루 영향을 미치게 될 것이다. 목회자들이 그런 것과 마찬가지로 교인들에게도 일반적으로 그런 현상이 나타나게 될 것이다. 만약 목회자들이 기도하지 않는다면 교인들 역시 그 지도자의 발자취를 따라가게 될 것이다. 만약 설교자가 거룩함과 관련된 일에 대해 침묵을 지키고 있다면 일반 성도들이 거룩함에 주리고 목마른 경우를 찾아보기란 매우 힘들 것이다. 만약 설교자가 신앙 체험에서 하나님이 자신을 위해 예비해두신 최고, 최선의 것을 추구하는 데 주의를 기울이지 않는다면 교인들 역시 그 발자취를 따라갈 것이다.

요한 웨슬리가 이야기한 것 가운데 한마디를 강조하여 반복할 필요가 있을 것 같다. 은사가 작기보다는 은혜가 적은 것, 이것이 바로 설교자들에게 가장 흔히 나타나는 현상이다. 하나님의 일은 일반적으로 은사가 부족하기보다는 은혜가 부족해서 실패한다는 사실은 마치 자명한 이치나 격언처럼 언급될 수 있다. 여기에는 더 많은 의미가 담겨 있는데, 말하자면 더욱 충만한 은혜가 임하게 되면 더 많은 은사가 허락될 것이기 때문이다. 그 결과 빈약한 체험, 빈약한 신앙생활, 능력 없는 설교는 항상 은혜 부족으로부터 흘러나온다. 그리고 은혜 부족은 기도 부족으로부터 흘러나온다. 커다란 은혜는 커다란 기도로부터 찾아온다.

> 내적인 거룩함 말고는
> 도대체 무엇이 우리 부르심의 영광스러운 소망이란 말인가?
> 이 거룩함을 위하여
> 나는 예수님을 바라보면서 조용히 기다리고 있다네.
>
> 그분이 나를 정결하게 만지실 때까지 기다린다네.
> 그분이 생명과 능력을 허락해주실 때까지 기다린다네.
> 나에게 믿음을 주사 죄악을 벗어던지게 하시고
> 내 마음을 더욱 정화시켜 주옵소서.

이 세상에서 하나님의 위대한 일을 계속 수행하는 과정에서 하나님은 인간 대리자를 통해 일하신다. 하나님은 집단으로 그분의 교회를 통해, 개인적으로 그분의 사람들을 통해 일하신다. 그 사람들은 효과적인 대리자가 되기 위해서 "큰 집에는 금 그릇과 은 그릇뿐 아니라 나무 그릇과 질그릇도 있어 귀하게 쓰는 것도 있고 천하게 쓰는 것도 있나니 그러므로 누구든지 이런 것에서 자기를 깨끗하게 하면 귀히 쓰는 그릇이 되어 거룩하고 주인의 쓰심에 합당하며 모든 선한 일에 준비"(딤후 2:20-21) 되어야 한다.

하나님은 거룩한 사람들을 통해 가장 효과적으로 일하신다. 하나님의 일은 기도하는 사람들의 손길을 통해 전진한다. 베드로는 하나님의 말씀으로 다가갈 수 없는 남편이라도 아내의 행실을 통해 얼마든지 그 영혼을 얻을 수 있다고 말한다.

"아내들아 이와 같이 자기 남편에게 순종하라. 이는 혹 말씀을 순종하지 않는 자라도 말로 말미암지 않고 그 아내의 행실로 말미암아 구원을 받게 하려 함이니 너희의 두려워하며 정결한 행실을 봄이라. 너희의 단장은 머리를 꾸미고 금을 차고 아름다운 옷을 입는 외모로 하지 말고 오직 마음에 숨은 사람을 온유하고 안정한 심령의 썩지 아니할 것으로 하라. 이는 하나님 앞에 값진 것이니라"(벧전 3:1-4).

세상은 성경의 내용이 아니라 그리스도인의 삶을 보고 우리의 신앙을 판단한다. 그리스도인은 죄인들이 바라보고 읽는 성경이다. 그리스도인은 모든 사람이 읽어보는 편지이다. "그들의 열매로 그들을 알지니 가시나무에서 포도를, 또는 엉겅퀴에서 무화과를 따겠느냐. 이와 같이 좋은 나무마다 아름다운 열매를 맺고 못된 나무가 나쁜 열매를 맺나니 좋은 나무가 나쁜 열매를 맺을 수 없고 못된 나무가 아름다운 열매를 맺을 수 없느니라. 아름다운 열매를 맺지 아니하는 나무마다 찍혀 불에 던져지느니라. 이러므로 그들의 열매로 그들을 알리라"(마 7:16-20). 그러므로 삶의 거룩함에 대해서는 더없이 크게 강조되어야 마땅하다.

그러나 불행히도 오늘날 교회에서는 어디에서나 두루 이러한 강조가 따라붙지 않는다. 교회 일꾼을 고르고, 직분자를 선별하는 데서도 거룩함의 자질에 대해서는 전혀 고려하지 않는다. 이처럼 오늘날 교회는 기도훈련에 대해서 전혀 고려하지 않는 것처럼 보이지만 과거 하나님의 모든 운동과 그분의 모든 계획에서는 전혀 다른 모습이 나타났다. 하나님은 거룩한 사람들을 찾고 계셨으며, 기도하는 습관으로 유명한 사람들을 찾아다니셨다. 그러나 기도하는 교회 지도자는 매우 드물다. 기도하는 행위는 이제 교회 직분에서 가장 고상한 자질로 간주하지도 않는다.

우리는 하나님이 붙잡고 있는 이 세상에서 위대한 일이 그토록 적게 이루어지는 것을 의아하게 생각할 필요는 없다. 사실은 그토록 허약하고 결점 많은 대리자를 통해 그토록 많은 일이 이루어져 왔다는 게 놀라울 따름이다. '우리 주님께 성결'이라는 문구를 교회의 깃발에 다시금 새겨놓을 필요가 있다. 다시 한번 현대 그리스도인들의 귀에다 그 문구를 소리 높여 외칠 필요가 있다.

"모든 사람과 더불어 화평함과 거룩함을 따르라. 이것이 없이는 아무도 주를 보지 못하리라"(히 12:14).

이것이야말로 신앙의 거룩한 기준으로 다시 강조되고, 거듭 강조되어야 한다. 이에 미치지 못하는 어떤 것도 하나님의 거룩한 요구사항을 충족시키지 못한다. 우리는 이 지점에서 속임수의 위험이 도사리고 있다는 사실을 간파해야 한다. 어떤 사람들은 옳다고 여기지만 그릇된 일에 더 가까이 다가가고 있다는 사실이다. 이에 관하여 우리 주 예수 그리스도께서는 "나더러 주여 주여 하는 자마다 다 천국에 들어갈 것이 아니요 다만 하늘에 계신 내 아버지의 뜻대로 행하는 자라야 들어가리라. 그날에 많은 사람이 나더러 이르되 주여 주여 우리가 주의 이름으로 선지자 노릇하며 주의 이름으로 귀신을 쫓아내며 주의 이름으로 많은 권능을 행하지 아니하였나이까 하리니"(마 7:21-22)라고 말씀하셨다. 그러면서 한마디 더 덧붙이시기를 "그때에 내가 그들에게 밝히 말하되 내가 너희를 도무지 알지 못하니 불법을 행하는 자들아 내게서 떠나가라"(마 7:23)고 말씀하셨다.

성도들은 좋은 일을 많이 할 수도 있지만 여전히 마음에서는 거룩하지 못하고, 행실에서는 올바르지 못할 수도 있다. 그렇기에 개인의 구원이라는 위대한 일에서 자신을 속이지 못하도록 경계하는 사도 바울의 말을 듣는 것이 절실히 필요한 계절이다. "스스로 속이지 말라. 하나님은 업신여김을 받지 아니하시나니 사람이 무엇으로 심든지 그대로 거두리라. 자기의 육체를 위하여 심는 자는 육체로부터 썩어질 것을 거두고 성령을 위하여 심는 자는 성령으로부터 영생을 거두리라. 우리가 선을 행하되 낙심하지 말지니 포기하지 아니하면 때가 이르매 거두리라. 그러므로 우리는 기회 있는 대로 모든 이에게 착한 일을 하되 더욱 믿음의 가정들에게 할지니라"(갈 6:7-10).

겸손은 기도의 속성이자 특성이며 기도자가 갖춰야 제일의 성품이다.

S·e·c·t·i·o·n·04

:
:

겸손한 기도는
하늘 보좌를
움직인다

S·E·C·T·I·O·N·04
겸손한 기도는 하늘 보좌를 움직인다

겸손해진다는 것은 자기 자신에 대해 겸허한 평가를 한다는 것이다. 겸손은 세상에 자기 이름을 드러내지 않는 성향과 더불어 수수해지고 낮아지는 모습을 일컫는다. 겸손은 많은 사람의 시선에서 뒤로 물러나는 것이다. 겸손은 많은 사람에게 알려지려고 하지 않으며, 높은 자리를 탐내지도 않으며, 또한 눈에 띄는 것에 대해서도 그다지 신경 쓰지 않는다. 겸손은 본질적으로 조용히 물러나 있는 것이다. 자기 비하 역시 겸손에 속한다. 겸손은 스스로 자기를 낮추는 것이다. 겸손은 결코 다른 사람들이 보는 데서, 또는 심지어 자기 자신이 보는 데서도 그 자신을 높이거나 칭송하지 않는 것이다.

수수함은 겸손의 특징 가운데 하나이다. 그와 같은 인성에는 교만이 전혀 존재하지 않으며, 자만심 같은 것과는 가장 거리가 먼 곳에 자리 잡고 있다. 그러한 인성 안에는 전혀 자기 자랑이 없다. 오히려 거기에는 다른 사람들을 칭찬하는 성향이 자리 잡고 있다. "사랑에는 거짓이 없나니 악을 미워하고 선에 속하라. 형제를 사랑하여 서로 우애하고 존경하기를 서로 먼저 하며 부지런하여 게으르지 말고 열심을 품고 주를 섬기라. 소망 중에 즐거워하며 환난 중에 참으며 기도에 항상 힘쓰며 성도들의 쓸 것을 공급하며 손 대접하기를 힘쓰라. 너희를 박해하는 자를 축복하라. 축복하고 저주하지 말라. 즐거워하는 자들과 함께 즐거워하고 우는 자들과 함께 울라. 서로 마음을 같이하며 높은 데 마음을 두지 말고 도리어 낮은 데 처하며 스스로 지혜 있는 체하지 말라. 아무에게도 악을 악으로 갚지 말고 모든 사람 앞에서 선한 일을 도모하라. 할 수 있거든 너희로서는 모든 사람과 더불어 화목하라"(롬 12:9-18).

겸손은 자기 예찬으로 나아가지 않는다. 겸손은 가장 높은 자리를 사랑하지 않으며, 높은 곳으로 나아가고 싶어 하지 않는다. 겸손은 기꺼이 가장 낮은 자리에 앉으려고 하며, 아무도 눈길을 주지 않는 곳으로 나아가기를 훨씬 더 좋아한다. 겸손한 기도는 이와 같은 방식을 따른다. "결코 제 안에 세상이 끼어들지 말게 하소서. 그 사이에 존재하는 거대한 간격을 조용히 메우게 하소서. 제가 겸손하게 하시고 알려지지 않게 지켜주소서. 오직 하나님께만 상을 받고 사랑받게 하소서!"

겸손은 자신에게 눈길을 주기보다는 오히려 하나님과 다른 사람

들에게 눈길을 돌린다. 겸손은 영이 가난하고 행동이 온유하며 마음
이 낮은 것이다.

> "그러므로 주 안에서 갇힌 내가 너희를 권하노니 너희가 부르심
> 을 받은 일에 합당하게 행하여 모든 겸손과 온유로 하고 오래 참
> 음으로 사랑 가운데서 서로 용납하고 평안의 매는 줄로 성령이
> 하나 되게 하신 것을 힘써 지키라"(엡 4:1-3).

예수님이 말씀하신 바리새인과 세리의 비유는 겸손과 자기 자랑
에 관한 간략한 설교였다. 자만심에 사로잡힌 바리새인은 오직 자기
의로 가득한 행위에 주목하면서 자신에게 파묻혀 있는 동시에 멀찍
이 떨어져 서 있는 가엾은 세리를 업신여겼고, 하나님 앞에서도 오
직 자기 미덕만을 헤아렸다. 바리새인은 자신을 높이고, 자기 자랑
에 몰두하며, 자기중심적이라서 하나님이 보시기에 의롭지 못한 데
로 나아가 오히려 하나님께 저주받고 배척당하게 될 것이다.

세리는 자신에게서 아무런 선한 것도 찾아내지 못하고, 자기 안
에 있는 선에 대해서는 무슨 공로를 찾아낼 만한 아무런 근거도 없
다는 자기 비하에 짓눌려 살고 있었으며, 감히 눈을 들어 하늘을 쳐
다볼 수조차 없을 정도라고 여기고 있었다. 그리하여 의기소침한 표
정으로 가슴을 치면서 이렇게 소리 높여 외쳤다. "세리는 멀리 서서
감히 눈을 들어 하늘을 쳐다보지도 못하고 다만 가슴을 치며 이르되

하나님이여 불쌍히 여기소서. 나는 죄인이로소이다 하였느니라"(눅 18:13).

우리 주님은 이 두 사람의 이야기에 이어서 일어난 일을 우리에게 매우 정확하게 말씀해주신다. 둘 중에 한 사람은 철저히 겸손이 빠진 사람이지만 다른 한 사람은 마음속에서 철저하게 자기를 비하하면서 자신을 하찮게 여기는 영에 빠진 사람이었다. "내가 너희에게 이르노니 이에 저 바리새인이 아니고 이 사람이 의롭다 하심을 받고 그의 집으로 내려갔느니라. 무릇 자기를 높이는 자는 낮아지고 자기를 낮추는 자는 높아지리라 하시니라"(눅 18:14).

하나님은 마음의 겸손함에 대해 엄청난 가치를 부여하신다. 우리가 몸에 옷을 걸치는 것과 마찬가지로 겸손으로 옷 입는 것은 매우 좋은 일이다. 이와 관련해서 야고보 사도는 이렇게 말했다.

"그러나 더욱 큰 은혜를 주시나니 그러므로 일렀으되 하나님이 교만한 자를 물리치시고 겸손한 자에게 은혜를 주신다 하였느니라"(약 4:6).

기도하는 영혼을 하나님께로 가까이 나아가도록 이끌어주는 것은 겸손한 마음이다. 기도에 날개를 달아주는 것은 낮은 마음이다. 은혜의 보좌로 나아가도록 준비시켜주는 것은 자기 비하이다. 교만, 자존심, 자기 자랑 따위는 기도의 문을 완전히 닫아버린다. 하나님께로 나아가려고 하는 사람은 평소 자기 눈에 잘 보이지 않는 새로운 모습으로 그분께로 나아가는 것임이 틀림없다. 그 사람은 자만심을 가지고 거드름을 피워서는 안 되며, 또한 자신의 미덕과 선한 행실을 지나치게 과대평가해서도 안 된다.

겸손은 하늘 법정에서 굉장히 높은 가치를 부여하는 그리스도인에게 매우 드문 은혜이며, 효과적인 기도로 들어가게 할 뿐만 아니라 능력 있는 기도와 도저히 떼려야 뗄 수 없는 전제 조건이다. 설령 다른 자질들을 모두 제대로 갖추고 있지 못하더라도 오직 겸손만 있으면 하나님께로 가까이 나아갈 수 있다. 그렇기에 겸손을 제대로 묘사하기 위해서는 여러 설명이 필요하고, 겸손을 제대로 정의하기 위해서도 다양한 정의가 필요하다.

겸손은 매우 드물고 드러나지 않는 은혜이다. 겸손을 가장 잘 보여주는 그림은 오직 우리 주 예수 그리스도 안에서 발견된다. 우리의 기도가 높이 올라갈 수 있기 위해서는 먼저 주님이 우리의 기도를 겸허하게 만들어주셔야 한다. 우리의 기도가 하늘의 영광을 충분히 드러내기 위해서는 먼저 엎드려 기도함으로써 우리 무릎에 엄청나게 많은 흙을 묻혀야 한다. 우리 주님의 가르침을 통해 살펴보면 겸손은 그분의 신앙 체계에서 매우 두드러지게 나타나며, 예수님의 성품에서도 현저하게 나타나는 특징이기 때문에 기도에 관한 그분의 교훈에서 겸손을 배제하는 것은 아주 부적절하며, 그분의 성품과도 어울리지 않는다. 또한 우리 주님의 신앙 체계에도 전혀 맞지 않는다.

바리새인과 세리의 비유에서도 우리 눈에 확 띌 정도로 뚜렷하게 드러나기 때문에 다시 한번 그 비유를 언급해야겠다. 바리새인은 마치 기도에 매우 익숙해져 있는 것처럼 보였다. 그 무렵 바리새인은 기도하는 법을 확실히 알고 있었을지도 모르지만, 슬프게도 다른 수많은 사람과 마찬가지로 이처럼 매우 소중한 교훈에 대해서는 전혀 배우지 못한 것처럼 보였다. 바리새인은 일과를 끝내고 기도하는 성전까지 천천히 한결같은 발걸음으로 걸어갔다. 그리고 기도할 위치와 장소를 매우 조심스럽게 적절히 선택했다. 적어도 겉으로는 그럴듯하게 기도하는 것처럼 보이는 이 사람에게는 그 모든 것에 각각 스스로 선택한 성스러운 장소, 성스러운 시간, 성스러운 이름이 있었다. 그러나 이 바리새인은 비록 훈련과 습관을 통해 관례적으로 기도하는 법을 배우기는 했겠지만 결코 온 마음을 다해 제대로 기도하지는 못했다.

그 바리새인이 이런저런 말을 뱉어내기는 했겠지만 그 말은 전혀 기도가 아니었다. 하나님은 그 말을 가만히 듣고서 오히려 그 사람을 정죄하실 것이다. 그러한 형식적인 기도의 입술은 도리어 파멸적인 결과를 초래한다. 하나님의 치명적인 저주가 그 사람이 기도하는 말에 임하게 될 것이다. 바리새인의 교만이라는 흙탕물이 그 시간의 기도제사를 완전히 오염시켜버렸다. 그 사람의 모든 기도는 자기 자랑, 자기 치하, 자기 예찬으로 가득했다. 그런 식으로 성전에 나아가는 것은 거기에서 무슨 짓을 하든지 간에 전혀 예배가 아니다.

다른 한편으로 세리는 자신이 지은 죄와 그 내면에 자리 잡은 죄성을 깊이 뉘우치면서 가슴을 쳤으며, 자신이 얼마나 영이 가난한 존재인지, 의로움, 선함 같은 것이나 다른 무엇이든 간에 자기 마음을 하나님께로 이끌어주는 자질이 자신에게 얼마나 철저히 빠져 있는지를 깊이 깨달았다. 자기 내면에 자리 잡은 교만은 철저히 사라지고 죽었으며, 오직 창피함과 절망감으로 하나님 앞에 꿇어 엎드릴 수밖에 없었다. 적어도 이 세리가 자기 죄와 죄책감에 대해 자비를 베풀어달라고 소리 높여 부르짖는 동안에는 말이다.

죄에 대한 의식과 전적으로 무가치한 존재라는 깨달음은 세리의 영혼 깊숙한 곳에 자리 잡은 겸손이 더욱 든든히 뿌리내리게 했으며, 자아와 눈과 마음이 땅바닥에 닿을 때까지 계속해서 꾹꾹 짓누르고 있었다. 이것이 바로 기도하는 데 있어서 교만과는 전혀 상반되는 겸손에 대한 그림이다. 여기에서 우리는 기도하는 데 있어서 자기 의, 자기 예찬, 자기 자랑이 얼마나 철저하게 무가치한지를 보게 된다. 그리고 한 영혼이 기도하는 가운데 하나님 앞에 나올 때 마음의 겸손, 자기 비하, 양심의 가책을 가지고 나오는 모습이 얼마나 커다란 가치, 아름다움, 거룩한 인정을 받는지를 보여주는 서로 날카로운 대조를 명확하게 목격하게 된다.

자신에게는 기댈 만한 아무런 의로움도 없으며, 자랑할 만한 아무런 선함도 없는 사람들은 행복하다. 겸손은 자신에 대해 죄가 클 뿐만 아니라 아무것도 아니라고 진실하고 깊이 있게 의식하는 토양에서 무럭무럭 자라난다. 온갖 죄책감을 느끼고, 모든 죄를 자백하며, 갖가지 은혜를 신뢰하는 것만큼 겸손이 그토록 무성하고 신속하게 자라나지 않으며, 그토록 찬란하게 빛나는 시기와 장소는 없다. "나는 죄인 중의 괴수지만 예수님이 나를 위하여 돌아가셨도다." 이것이 바로 기도의 기초이며 겸손의 토대이다. 겉으로만 그럴듯한 게 아니라 저 아래로 끝까지 내려가 우리 주 예수 그리스도의 보혈을 통해 정말로 하나님과 가까워져 있는 겸손 말이다. 하나님은 낮은 자리에 머물러 계신다. 하나님은 기도하는 영혼이 처해 있는 너무나 낮은 자리를 굉장히 높은 곳으로 만드신다.

세상이 자기 미덕을 자랑하게 가만히 내버려 두어라.
의로운 자기 행실을 마음껏 자랑하게 놔둬라.
얼마나 설익고 잃어버린 자인지, 얼마나 곤고한 자인지.
난 오직 은혜로만 값없이 구원받을 수밖에 없다.
난 어떤 다른 이름도 바라지 않는다.
단 하나, 이것, 오직 이것만이 내 모든 바람이다.
나는 죄인 중의 괴수였지만
그런데도 예수님은 날 위해 죽으셨다.

겸손은 참된 기도의 필수적인 선결 요건이다. 겸손은 기도의 속성이자 특성이 되어야 한다. 태양 속에 빛이 있는 것처럼 겸손은 기도하는 사람의 성품 안에 자리 잡고 있어야 한다. 겸손이 없으면 기도는 아무런 시작도, 끝도, 존재도 없다. 항해를 위해서는 배를 만들어야 하는 것처럼 겸손하기 위해 기도하게 되며, 기도하기 위해 겸손하게 된다.

겸손은 자기로부터 무작정 물러서는 것도 아니며, 또한 자기에 관한 생각을 모두 무시하는 것도 아니다. 겸손은 다양한 양상을 지닌 원칙이다. 겸손은 하나님과 그분의 거룩하심을 바라봄으로써 탄생하는 것이며, 그다음에는 자신과 인간의 거룩하지 못함을 정확히 바라봄으로써 생겨나는 것이다. 겸손은 이름을 드러내지 않는 것과 침묵을 좋아하며, 박수갈채를 두려워한다. 또한 다른 사람들의 미덕을 높이 평가하고, 다른 사람들의 잘못을 너그럽게 봐주며, 상처를 쉽게 용서한다. 그리고 점점 더 무시당하는 것을 두려워하지 않으며, 교만의 비열함과 그릇됨을 직시하게 된다.

참된 고상함과 위대함은 겸손에 있다. 겸손은 십자가와 예수 그리스도의 측량할 수 없는 부요함을 깨닫고 존중한다. 겸손은 사람들이 칭송하는 그러한 미덕에 대한 탐욕을 두려워하며, 하나님이 상주시는 은밀한 미덕을 훨씬 더 사랑한다. 겸손은 가끔 창피를 당하더라도 자신의 약점에 대해서조차 위안을 얻는다. 이 세상의 온갖 조명 앞에서 오히려 겸손은 양심의 가책을 훨씬 더 많이 느끼기도 한다.

어쨌든 이런 식으로 설명이 있고 난 뒤에야 겸손의 은혜에 대해

나름대로 정의할 수 있게 된다. 세리의 기도에서는 너무나 완벽하게 찾아볼 수 있는 반면에 바리새인의 기도에서는 안전히 빠져 있는 겸손의 은혜 말이다. 그에 관해 멋진 그림을 그리기 위해서는 상당히 많은 시간을 들여야 한다.

겸손은 기도의 삶을 지켜내기 위해 애쓴다. 교만이나 자만심으로는 기도할 수 없다. 그러나 겸손은 자만심과 교만이 없는 상태보다 훨씬 더 많은 것을 의미한다. 겸손은 기도에 에너지를 불어넣는 긍정적인 자질이자 실질적인 힘이다. 겸손 없이는 기도의 능력으로 날아오를 수 없다. 겸손은 우리 자신과 더불어 자신의 존재 가치에 대한 겸허한 평가에서 비롯된다. 바리새인은 기도하는 법을 배웠으며 거기에 친숙하기는 했지만 그 기도에는 겸손이 빠져 있었기에 실제로는 기도하지 않은 것이나 마찬가지였다. 그러나 비록 세리는 사람들에게 금지당하면서 교회 정서상 아무런 격려를 받지는 못했지만, 겸손한 가운데 간절히 기도했기 때문에 오히려 제대로 된 기도를 드린 것이다.

겸손으로 옷 입는 것은 기도하는 옷으로 갈아입는 것이다. 우리는 보잘것없는 존재이기 때문에 겸손은 자신이 보잘것없다는 것을 뼈저리게 느끼고 있다. 우리는 아무런 가치도 없는 존재이기 때문에 겸손은 우리의 무가치함을 너무나 잘 알고 있다. 우리가 죄인이기 때문에 그와 같은 느낌은 우리 자신이 죄인임을 밝히 드러내는 것이다. 우리가 무릎을 잘 꿇는 것은 머지않아 기도의 자세로 자리 잡게 될 것이다. 왜냐하면 그것은 겸손의 표징이기 때문이다.

자기 자신에 대한 바리새인의 교만한 평가와 그러한 우월감으로 말미암아 자기 이웃을 멸시하는 태도는 오히려 기도의 문을 쾅 닫아 버렸다. 반면 겸손은 중상과 매도당하기 일쑤였던 세리에게 그와 같은 기도의 문을 활짝 열어주었다.

산상수훈의 마지막 부분에 등장하는 주요 종교 지도자들의 사역에 대한 우리 주님의 두려운 말씀은 자기 사역에 대한 교만한 평가와 기도에 대한 그릇된 평가로 말미암아 초래된 것이었다. "이와 같이 좋은 나무마다 아름다운 열매를 맺고 못된 나무가 나쁜 열매를 맺나니 좋은 나무가 나쁜 열매를 맺을 수 없고 못된 나무가 아름다운 열매를 맺을 수 없느니라. 아름다운 열매를 맺지 아니하는 나무마다 찍혀 불에 던져지느니라. 이러므로 그들의 열매로 그들을 알리라. 나더러 주여 주여 하는 자마다 다 천국에 들어갈 것이 아니요 다만 하늘에 계신 내 아버지의 뜻대로 행하는 자라야 들어가리라. 그 날에 많은 사람이 나더러 이르되 주여 주여 우리가 주의 이름으로 선지자 노릇하며 주의 이름으로 귀신을 쫓아내며 주의 이름으로 많은 권능을 행하지 아니하였나이까 하리니 그때에 내가 그들에게 밝히 말하되 내가 너희를 도무지 알지 못하니 불법을 행하는 자들아 내게서 떠나가라 하리라"(마 7:17-23).

겸손은 그리스도를 닮는 신앙의 처음이자 마지막 속성이며, 그리스도를 닮는 기도의 처음이자 마지막 속성이다. 겸손 없는 그리스도인은 있을 수 없다. 그렇기에 기도의 기술을 터득하기를 원하는 사람이라면 누구나 예수님의 겸손한 성품을 닮아가야 하며, 죽기까지 겸손하신 예수님의 기도를 배워야 한다.

겸손한 태도는 우리에게 은혜롭고 필요한 성품이다. 겸손은 변하지 않으며, 정확한 기도의 태도 가운데 하나이다. 머리에 먼지, 재, 흙을 뒤집어쓰고, 몸에 베옷을 걸치고, 온갖 욕망을 끊고 금식하는 것은 구약시대의 성도들이 보여준 겸손의 상징이었다. 베옷, 금식, 재 따위는 다니엘을 하나님 앞에 낮은 마음으로 이끌어주었으며, 다니엘에게 가브리엘이 찾아오게 했다. 천사들은 베옷을 입고 재를 뒤집어쓴 사람들을 좋아한다.

소돔을 향한 하나님의 진노를 보류해달라고 하나님께 탄원하고 있을 때 하나님의 친구 아브라함이 보여준 태도는 얼마나 겸허했던가! "베옷과 재가 아니고서는 무엇이 그렇게 만들었겠는가!" 솔로몬은 얼마나 겸손한 태도로 하나님 앞에 나타났단 말인가! 솔로몬이 하나님 앞에서 올바른 태도를 보일 때 자신의 위엄은 낮아지고, 자신의 광채와 위풍당당함은 사라졌다. "그러나 주 나의 하나님, 주님께서는, 내가 아직 어린아이인데도, 나의 아버지 다윗의 뒤를 이어서, 주님의 종인 나를 왕이 되게 하셨습니다. 나는 아직 나가고 들어오고 하는 처신을 제대로 할 줄 모릅니다. 주님의 종은, 주님께서 선택하신 백성, 곧 그 수를 셀 수도 없고 계산을 할 수도 없을 만큼 큰 백성 가운데 하나일 뿐입니다. 그러므로 주님의 종에게 지혜로운 마음을 주셔서, 주님의 백성을 재판하고, 선과 악을 분별할 수 있게 해 주시기를 바랍니다. 이렇게 많은 주님의 백성을 누가 재판할 수 있겠습니까?"(왕상 3:7-9, 새번역).

자신이 무슨 대단한 일을 행하고 있다고 생각하는 자부심은 우리의 기도에 온갖 해악을 끼친다. 우리의 존재에 대한 그와 같은 교만함 역시 우리의 기도를 오염시킨다. 그것들을 아무리 그럴듯한 말들로 포장할 수 있다고 하더라도 말이다. 그리스도 당시의 가장 종교적인 사람들이 하나님께 받아들여지지 못했던 것은 바로 이와 같은 겸손함의 부족, 이와 같은 자화자찬, 자기 예찬 때문이었다. 그런데 이와 같은 것들은 오늘날에도 우리가 하나님께 받아들여지지 못하도록 가로막고 서 있다.

오, 이제 나 자신을 겸손히 낮출 수 있도록
오, 내 모든 존재를 가만히 멈출 수 있도록
내가 다른 어떤 것에도 빠져들지 않도록
오직 우리 주님이 나의 전부가 되게 하소서!

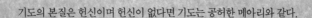
기도의 본질은 헌신이며 헌신이 없다면 기도는 공허한 메아리와 같다.

:
:

기도는
헌신을 타고
은혜를 가져온다

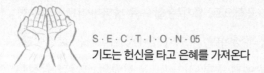

S·E·C·T·I·O·N·05
기도는 헌신을 타고 은혜를 가져온다

헌신에는 신앙적으로 매우 중요한 의미가 담겨 있다. 헌신의 뿌리는 성스러운 용도에 드려진다는 데 있다. 그러니까 진정한 의미에서 그와 같은 헌신은 신앙적인 예배와 관련되어 있다. 헌신은 진정한 기도와 직접적으로 연결되어 있다. 헌신은 하나님께 전적으로 드려진 사람들에게서 발견되는 특별한 마음 자세이다. 헌신은 존중, 경외, 경건한 두려움의 영이다. 헌신은 기도와 예배 가운데 하나님 앞에서 드러나는 마음 상태이다. 헌신은 가볍게 촐랑대는 경거망동의 영을 닮은 모든 것과는 전혀 맞지 않으며, 경솔함, 소란함, 허세와는 상반되는 것이다. 헌신은 고요한 세계에 머무는 것이며, 하나님 앞에서 잠잠히 기다리는 것이다. 헌신은 진지하고 사려 깊고 명상적이다. 헌신은 내적인 삶에 속한 것이며 골방에서 살아가는 삶을 다루는 것이긴 하지만 성소에서 공적으로 섬기는 삶으로 나타나기도 한다. 헌신은 바로 진정한 예배의 영이며, 기도의 영에서 나타나는 본질이다.

헌신은 경건한 사람에게 속한 것이며, 그 사람의 생각과 감정은 하나님께 헌신되어 있다. 그러한 사람은 신앙에 전적으로 자신을 내맡기는 마음을 갖고 있으며, 하나님에 대해 강력한 애정과 그분의 집에 대한 열정적인 사랑을 소유하고 있다. 고넬료는 "경건하여 온 집안과 더불어 하나님을 경외하며 백성을 많이 구제하고 하나님께 항상 기도"(행 10:2)하는 사람이었다. "경건한 사람들이 스데반을 장사하고, 그를 생각하여 몹시 통곡하였다"(행 8:2, 새번역). "율법에 따라 경건한 사람으로 거기 사는 모든 유대인들에게 칭찬을 듣는 아나니아라 하는 이"(행 22:12)가 앞을 보지 못하던 사울에게 보냄을 받아, 우리 주님이 사울에게 시키시는 일들을 말해주었다. 하나님은 그러한 사람들을 놀랍게 사용하시는데, 왜냐하면 경건한 사람들은 그분의 계획을 진척시키도록 하나님의 택하심을 받은 대리자이기 때문이다.

기도는 헌신의 영을 고양시키는 한편, 헌신은 최선의 기도에 매우 유익하다. 헌신은 기도를 진작시키고, 기도가 추구하는 목적을 향해 달려가도록 돕는다. 기도는 진정한 헌신의 분위기에서 번창한다. 헌신의 영 안에 있을 때 기도하기란 매우 쉽다. 헌신에서 은연중에 풍기는 생각의 태도와 마음의 상태는 우리 기도를 은혜의 보좌에까지 매우 효과적으로 도달하게 만든다. 하나님은 헌신의 영이 살아 있는 곳에 머물러 계신다.

　성령님의 모든 은혜는 헌신으로 말미암아 만들어진 환경에서 자양분을 공급받아 더욱 잘 자라나게 된다. 사실상 이러한 은혜는 여기 이외의 다른 곳에서는 어디서도 제대로 자라나지 못한다. 헌신적인 영이 없다는 것은 새로워진 마음에서 생겨난 은혜의 죽음을 뜻한다. 진정한 예배는 헌신의 영으로 말미암아 만들어진 분위기와 잘 맞아떨어진다. 기도는 헌신에 유익하지만 그와 동시에 헌신은 기도에 반응하며 우리가 기도할 수 있도록 도와준다.

　헌신은 우리 마음을 기도에 동참시킨다. 기도할 마음이 별로 없는데도 기도하기 위해 입술을 움직이려고 억지로 애쓰는 것은 그다지 쉬운 일이 아니다. 언젠가 한번은 하나님이 이스라엘 백성들에게 진노하셨던 것은 그 백성들의 마음이 하나님과 멀어져 있으면서도 오직 입술로만 하나님을 칭송하려는 태도 때문이었다.

　기도의 본질은 바로 헌신의 영이다. 헌신이 없다면 기도는 속 빈 껍데기만 남을 뿐이며, 아무런 소용없는 말잔치에 지나지 않을 것이다. 슬픈 이야기이기는 하지만 이와 같은 종류의 기도가 오늘날 교회 안에 상당히 널리 퍼져 있다. 오늘날은 굉장히 분주한 시대라서 다들 부산하게 활동적으로 움직이는데, 이와 같은 부산한 영이 하나님의 교회 안에도 깊숙이 침투해 있다. 그리하여 다양한 사역과 행사를 통하여 교인들을 쉴 틈 없이 분주하게 만든다.

　교회는 정말 기계 부품들처럼 질서정연하고 정확하게, 힘 있게 종교에 봉사한다. 그러나 너무나 자주 교회는 마치 기계처럼 냉담하게 사무적으로 일한다. 마치 다람쥐 쳇바퀴처럼 끊임없이 반복적으로 종교 행위를 돌리려는 움직임이 상당히 많다. 우리는 실제로 기도하지 않으면서 기도하는 흉내를 낸다. 우리는 성령과 명철함으로 찬양하지 않으면서 찬양하는 흉내를 낸다. 그 안에 계신, 또는 거기에 가까이 계신 하나님을 찬양하지 않으면서도 우리는 그저 곡을 연주한다. 우리는 습관적으로 교회를 다니면서 축도가 끝나면 아주 기쁜 마음으로 집에 돌아온다. 우리는 주로 성경에서 자신에게 익숙한 장들만 읽으면서 그 일을 끝내고 나면 매우 편안한 안도감을 느낀다. 마치 학생들이 배운 것을 단순히 되뇌듯이 기계적으로 기도를 내뱉는다. 그리고 아멘을 입에 담으면서 부끄러운 줄도 모른다.

종교는 우리 마음 이외의 모든 것과 관련이 있다. 종교는 우리의 손과 발을 바쁘게 만들고, 우리 목소리를 통제하며, 우리의 물질에 그 손을 올려놓고, 심지어 우리 몸의 태도에도 영향을 미친다. 하지만 종교는 결코 우리의 애정, 소망, 열정을 단단히 붙잡지 못하며, 하나님의 임재에 진지하게, 정말로 진실하게 나아가고, 조용히 경배하도록 이끌어주지 못한다. 사회적인 친밀감은 우리를 그 일의 본질적인 정신이 아니라 무작정 하나님의 집으로 끌어들일 뿐이다.

무조건 교회의 일원이 되도록 하는 것 역시 단지 외적인 행실에서만 괜찮아 보이는 방식을 쫓아가게 만들며, 우리의 세례에 대한 충성과 관련해서도 그냥 우리 눈에 보이는 그림자만 따르게 할 뿐이지, 실상 거기에는 우리 마음이 없다. 이 모든 외적인 수행은 냉랭하고 형식적이고 별다른 감명을 주지 못한다. 반면 우리는 종교적으로 굉장히 잘하고 있다는 자화자찬과 착각에 빠져들기 일쑤이다.

왜 우리의 경건함에는 이러한 모든 슬픈 결함이 나타나야 한단 말인가? 왜 예수 그리스도를 믿는 신앙에 대한 참된 본질이 이와 같은 현대적인 왜곡으로 얼룩져야 한단 말인가? 왜 오늘날에 나타나는 신앙 행태는 그 안에 마땅히 들어 있어야 할 소중한 보석이 온데간데없는 텅 빈 보석함과 너무나 흡사해야 한단 말인가? 왜 이렇게 우리 편에서 신앙을 다루는 아주 많은 일들이 흔히 너무나 정결하지도, 청결하지도 않으며, 우리 마음에 그다지 감동을 전해주지도 못하며, 우리 삶에서 그렇게 분명히 증거되지도 못하는 상황이어야 한단 말인가?

오늘날 우리의 신앙에 아주 크게 부족한 것이 바로 헌신의 영이다. 우리는 강의를 듣거나 연설을 들을 때와 같은 마음 자세나 영으로 설교를 듣고 앉아 있다. 마치 공공장소에 가거나 극장과 같은 곳이나 강의실이나 무슨 토론회에 참가하는 것과 같은 태도로 하나님의 집을 찾아간다. 우리는 하나님의 거룩한 부르심을 받은 사람이 아니라 단지 일종의 대중 강연자나 정치가, 법률가와 같은 연장선에 있는 사람을 대하듯 하나님의 사역자를 쳐다본다.

오, 참되고 진실한 헌신의 영은 얼마나 철저하게 이 모든 것을 더 나은 쪽으로 변화시킨단 말인가! 우리는 거룩한 것들이 마치 이 세상에 속한 것인 양 취급한다. 심지어 성만찬 예식조차도 단지 종교적인 행사로 전락하여 미리 아무런 준비도 없이, 나중에 아무런 묵상과 기도도 없이 무슨 통과의례처럼 치르고 만다. 심지어 학습이나 세례식도 엄숙함을 많이 잃어버렸으며, 단순한 형식으로 퇴색하여 거기에 아무런 특별한 감흥도 없다.

우리의 속된 마음에 소금을 뿌리기 위해서 뿐만 아니라 우리의 기도를 살아 있는 기도로 만들기 위해서 우리에게는 헌신의 영이 필요하다. 우리는 주일 예배뿐만 아니라 월요일 일터에서도 헌신의 영을 불어넣을 필요가 있다. 우리에게는 항상 하나님의 임재를 회상하기 위해, 항상 하나님의 뜻을 실행하기 위해, 항상 모든 것이 하나님의 영광을 향하게 하려면 헌신의 영이 필요하다.

헌신의 영은 만사(萬事)에 하나님을 불러들인다. 헌신의 영은 단지 기도하고 교회에 가는 것만이 아니라 우리 삶의 모든 관심사에 하나님을 개입시킨다.

"그런즉 너희가 먹든지 마시든지 무엇을 하든지 다 하나님의 영광을 위하여 하라. 유대인에게나 헬라인에게나 하나님의 교회에나 거치는 자가 되지 말고 나와 같이 모든 일에 모든 사람을 기쁘게 하여 자신의 유익을 구하지 아니하고 많은 사람의 유익을 구하여 그들로 구원을 받게 하라"(고전 10:31-33).

헌신의 영은 이 땅의 평범한 것을 거룩하게 만들고, 사소한 일을 위대하게 만든다. 이와 같은 헌신의 영으로 말미암아 우리는 주일에 교회에 갈 때와 같은 영향력으로 인도와 영감을 받아서 월요일에 일터로 출근하게 된다. 헌신의 영은 주일을 안식일로 만들고, 우리의 일터를 하나님의 성전으로 탈바꿈시킨다. 헌신의 영은 우리의 신앙이 얄팍한 껍데기만 남지 않도록 도와주며, 우리 영혼의 생명과 존재에 그와 같은 영을 강하게 불어넣는다. 그와 같은 영으로 말미암아 우리의 신앙은 단순히 겉으로 드러나는 일에만 관심을 기울이는 대신, 온몸으로 뻗어나가는 동맥에 혈액을 풍성하게 흘려보내는 동시에 활기차게 생명력을 불어넣도록 모든 일에 우리 심장을 고동치게 만든다.

헌신의 영은 단순히 공중으로 퍼져나가는 신앙의 향기에 지나지 않는 것이 아니라 자양분을 빨아들여 신앙을 무럭무럭 자라나게 만드는 근간(根幹)이다. 헌신의 영은 온갖 종교 행위에 스며들어 제맛을 더해주는 소금이다. 헌신의 영은 각종 의무, 자기 부인, 그리고 희생을 감미롭게 만드는 설탕이다. 헌신의 영은 종교행사의 따분함을 없애주는 찬란한 색채이다. 헌신의 영은 경솔함을 떨쳐내고, 온갖 얄팍한 예배 형식을 몰아내 예배를 진지하고 뿌리 깊은 섬김으로 바꾸며, 우리 몸과 혼과 영에 천상의 것들이 깊숙이 스며들게 만든다. 매우 진지하게 자신에게 물어보도록 하라. 과연 이와 같은 고상한 하늘의 천사가, 이와 같은 헌신을 위한 천상의 영이, 온 땅 가운데 가장 찬란한 최고의 천사가 이제 우리를 떠나갔단 말인가? 도대체 언제 헌신의 천사가 우리를 떠났고, 기도의 천사가 그 날개를 잃어버렸으며, 언제 그 천사가 기형적이고 사랑 없는 존재로 전락했단 말인가?

헌신의 향기는 기도 안에 있다. 요한계시록 4장 8절에서 우리는 다음과 같은 말씀을 읽게 된다. "네 생물은 각각 여섯 날개를 가졌고 그 안과 주위에는 눈들이 가득하더라. 그들이 밤낮 쉬지 않고 이르기를 거룩하다 거룩하다 거룩하다 주 하나님 곧 전능하신 이여 전에도 계셨고 이제도 계시고 장차 오실 이시라." 이 생물들의 열광적인 헌신을 샘솟게 만드는 영감과 중심은 하나님의 거룩하심이다. 하나님의 거룩하심이 그 생물들의 주의를 강하게 붙잡는 동시에 그 생물들의 헌신을 불타오르게 만든다. 그 생물들이나 그 생물들이 드리는 천상의 예배는 전혀 냉랭하지도, 따분하지도, 피곤하지도 않다. "그들이 밤낮 쉬지 않고 이르기를." 이 얼마나 놀라운 열정이란 말인가! 이 얼마나 놀랍도록 시들지 않는 열정이며 멈추지 않는 황홀경이란 말인가! 기도가 정말 그 이름에 합당한 가치가 있는 것이라면 기도 사역은 열정이 필요한 사역이며, 하나님과 그분의 거룩하심을 강력하고 끈기 있게 갈망하는 사역이다.

헌신의 영은 하늘에 있는 성도들에게도 스며들어 있으며, 천상의 천사 같은 존재들이 드리는 예배에서 더욱 특징적으로 나타난다. 제대로 헌신하지 않는 피조물은 천상 세계에 있을 수 없다. 하나님이 거기에 계시며, 바로 그 하나님의 임재는 경배, 경외심, 참된 두려움의 영을 낳는다. 만약 죽은 이후에 그 존재들과 동참하고 싶다면 먼저 우리는 거기에 당도하기 전에 이 땅에서 헌신의 영을 올바로 배워야 한다.

잠시도 쉬지 않고 피곤하지 않은 태도로 하나님을 갈망하면서 그분의 거룩하심에 열정적인 헌신을 보여주었던 이러한 생물들은 참된 기도와 기도의 열정을 완벽하게 상징적으로 보여주고 있다. 기도는 반드시 불타올라야 한다. 기도의 열정은 반드시 연소되어야 한다. 열정 없는 기도는 빛이나 열이 없는 태양과 같으며, 아름다움이나 향기가 없는 꽃과 같다. 하나님께 헌신된 영혼은 열정적인 영혼이며, 기도는 그러한 불꽃의 산물이다. 오직 거룩함, 하나님, 천국을 향해 맹렬히 타오르는 사람만이 진정으로 기도할 수 있다.

각종 활동에는 별다른 힘이 없다. 일 자체는 열정이 아니다. 이리저리 움직이고 다닌다고 해서 헌신이 아니다. 각종 활동은 흔히 영적인 연약함을 제대로 인식하지 못해서 나타나는 증상이다. 예배에 대한 진정한 헌신을 대체할 때 그런 활동은 오히려 우리의 신앙에 해로울 수도 있다. 망아지는 어미보다 훨씬 더 활동적이기는 하지만, 아무런 소란이나 고함도 치지 않고 묵묵히 짐마차를 끄는 여러 말 중에서 가장 뒤쪽으로 배치될 수밖에 없다. 어린아이가 아버지보다 더 활동적이긴 하겠지만, 그 아버지는 자기 마음과 어깨에 온 나라를 통치하는 부담을 잔뜩 안고 있을 수도 있다. 열정이 믿음보다 더 활동적일 수는 있지만, 아무래도 열정은 믿음으로 명령할 수 있는 산을 옮기지도 못하며, 또한 어떤 전능한 힘을 발휘할 수도 없다.

미약하면서도 활발한 듯이 허세를 부리는 종교 활동은 매우 많은 이유에서 비롯될 수 있다. 오늘날의 교회생활에서는 상당히 많은 일이 함께 벌어지고, 아주 많은 소란을 일으키게 되며, 이리저리 상당히 많이 휩쓸고 다니기는 하지만, 대단히 유감스럽게도 온 마음을 다해 진정으로 헌신하는 영은 이상하리만치 부족하다. 만약 거기에 진정한 영성생활이 있다면 거기에서 진지한 분위기의 활동들이 분명히 생겨날 것이다. 그러나 그것은 연약함이 아니라 강함에서 생겨나는 활동이다. 그것은 강하고 많은 뿌리가 깊이 박힌 활동일 것이다.

그 본질상 신앙은 땅 위로 훌쩍 자라나는 모습을 보여주어야 한다. 많은 것이 우리 눈에 띌 정도로 분명하게 드러나야 한다. 선한 행실을 통해 풍성하게 드러나는 거룩한 삶의 꽃과 열매가 확연히 드러나야 한다. 과연 그렇게 될 수밖에 없을 것이다. 그러나 이렇게 겉으로 드러나는 성장은 눈에 보이지 않는 생명력과 숨어 있는 뿌리의 왕성한 성장력에 기초하고 있음이 분명하다. 새로워진 본성의 깊숙한 저변에 자리 잡은 신앙의 뿌리는 겉으로 드러나 보이는 데까지 자라나야 한다. 겉으로 드러나는 모습에는 깊은 내적인 기초 작업이 자리 잡고 있어야 한다. 땅속에서 눈에 보이지 않게 상당히 많은 성장이 있어야 한다. 그렇지 않으면 이 생명은 허약하여 그다지 오래 살아남지 못할 것이며, 외적으로 드러나는 성장도 기운을 잃고 별다른 열매도 맺지 못하게 될 것이다.

이사야서에는 이런 말씀이 기록되어 있다. "오직 여호와를 앙망하는 자는 새 힘을 얻으리니 독수리가 날개 치며 올라감 같을 것이요 달음박질하여도 곤비하지 아니하겠고 걸어가도 피곤하지 아니하리로다"(사 40:31). 이것이 바로 가장 정력적이고 지칠 줄 모르는, 피곤하지 않은 본성에 따른 전반적인 활동과 힘이 생겨나는 원인이다. 이 모든 것이 기다리며 사모한 결과이다.

단지 훈련으로 초래되거나 열정으로 생겨난 수많은 활동, 육신의 연약함에 따른 산물, 변덕스럽고 그다지 오래 지속되지 못하는 힘으로부터 받은 영감 따위가 허다하다. 각종 활동은 흔히 더욱 견고하고 유용한 요소들을 희생해야 하는 한편, 그러다 보면 일반적으로 기도는 완전히 게을리하게 된다. 하나님의 일에 너무나 분주하여 하나님과 교제를 나누지 못하는 것, 교회 일하느라 너무 바빠서 하나님의 일에 관해 그분과 이야기를 나눌 시간조차 갖지 못하는 것은 퇴보하는 지름길이다. 그리고 수많은 사람이 그로부터 자기 영혼에 영원한 상처를 남기는 그릇된 길을 지금도 걷고 있다.

아무리 훌륭한 활동, 위대한 열정이라 하더라도, 그 일에 대해 아무리 많은 환호가 들려온다고 할지라도, 기도의 은혜를 키워가고 성숙시켜 나가지 않는다면 그 일과 활동은 단지 무분별하고 맹목적일 수밖에 없다.

기도는 고난 중에 하나님의 손길을 기다리는 인내를 낳게 한다.

:
:

기도는 도우시는
하나님의
손길이다

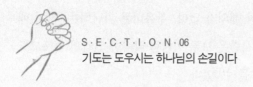

S·E·C·T·I·O·N·06
기도는 도우시는 하나님의 손길이다

고난과 기도는 서로 밀접하게 연관되어 있다. 고난 중의 기도는 커다란 가치를 발휘한다. 흔히 고난은 사람들을 기도하는 가운데 하나님께로 몰아가는 반면, 기도는 단지 고난에 처한 사람의 음성에 지나지 않는다. 기도는 고난에서 건져주며, 훨씬 더 자주 고난을 견디는 힘을 준다. 또한 고난 중에도 위로를 건네며, 고난 중에 인내를 낳게 한다. 고난의 시기에 진정한 능력의 근원이 누구인지 알고서 기도하기를 멈추지 않는 사람은 지혜로운 사람이다.

고난은 이 세상에 있는 사람의 현재 상태에 속하는 것이다. "여인에게서 태어난 사람은 생애가 짧고 걱정이 가득하며 그는 꽃과 같이 자라나서 시들며 그림자같이 지나가며 머물지 아니하거늘"(욥 14:1-2). 고난은 사람에게 흔히 있는 일이다. 그것은 어떤 나이나 지역, 위치나 신분과 관계없이 전혀 예외가 없다. 부유하든 가난하든, 많이 배웠든 못 배웠든 간에 각 사람은 모두 이처럼 타락한 인간의 슬프고도 고통스러운 유산을 함께 물려받았다.

"사람이 감당할 시험밖에는 너희가 당한 것이 없나니 오직 하나님은 미쁘사 너희가 감당하지 못할 시험당함을 허락하지 아니하시고 시험당할 즈음에 또한 피할 길을 내사 너희로 능히 감당하게 하시느니라"(고전 10:13).

'고난의 시절'은 모든 사람에게 인생의 어느 시기에 찾아온다.

"너는 청년의 때에 너의 창조주를 기억하라. 곧 곤고한 날이 이르기 전에, 나는 아무 낙이 없다고 할 해들이 가깝기 전에 해와 빛과 달과 별들이 어둡기 전에, 비 뒤에 구름이 다시 일어나기 전에 그리하라"(전 12:1-2).

전도서 기자는 우리 마음에서 무거운 중압감을 느낄 수밖에 없는 그러한 시절이 분명히 찾아올 것임을 시사하고 있다.

찬란한 햇빛 이외에 다른 어떤 것도 생각하지 못하고서 오직 편안함과 즐거움, 각양 아름다운 꽃들만 바라보는 것은 삶에 대한 완전히 그릇된 관점이며, 인생에 대한 지극히 무지함을 드러내는 행태이다. 고난이 자기 삶에 갑자기 끼어들 때 너무나 유감스럽게 절망하고 놀라는 사람들이 바로 이런 부류이다. 이 사람들은 하나님을 알지 못하는 자들이며, 그분의 백성들을 훈련하는 가운데 다루시는 하나님의 손길에 대해 아무것도 모르는 자들이며, 전혀 기도하지 않는 자들이다.

우리 인생에는 무한할 정도로 다양한 고난이 존재한다. 고난의 학교에서 사람들이 겪는 체험들이 얼마나 다양하단 말인가! 그 누구도 같은 환경에서 똑같은 고난을 겪지는 않는다. 하나님은 어떤 자녀도 같은 방식으로 다루시지 않는다. 그러니까 하나님이 자기 자녀를 다양하게 다루시는 것과 마찬가지로 그만큼 고난도 매우 다양하다. 하나님은 같은 일을 되풀이하시지 않는다. 하나님은 틀에 박힌 분이 아니다. 하나님은 모든 자녀에게 가장 알맞은 단 한 가지 양식만 갖고 계신 분이 아니다. 각종 고난은 각 자녀에게 가장 적절하게 일어난다. 각종 고난은 저마다 각 자녀의 독특한 상황에 따라 다루어진다.

만약 하나님의 뜻을 제대로 실행하기만 한다면 고난은 그분의 뜻을 온전히 수행하는 하나님의 종이다. 고난은 전능하신 하나님의 통제 아래 있으며, 그분의 목적을 성취하여 성도들을 온전하게 하시는 가장 효과적인 대리자들 가운데 하나이다. 하나님의 손길은 사람들의 삶 가운데 끼어드는 모든 고난 가운데 있다. 하나님이 온갖 불쾌한 인생 체험을 직접적으로 마음대로 명하시는 건 아니다. 하나님이 자녀들의 삶 가운데 찾아오는 모든 고통스럽고 괴로운 일을 개별적으로 다 책임져야 하는 건 아니다. 그러나 어떤 고난도 이 세상에서 제멋대로 풀려나 성도나 죄인의 인생에 찾아오는 게 아니다. 하나님의 신적인 허락을 통해 찾아오며, 그에 대한 하나님의 손길로 말미암아 그에 따른 고통스러운 일이 존재하며, 그 가운데 하나님의 은혜로운 구원 계획이 이루어지도록 돕는다.

만물은 하나님의 신적인 통제 아래 놓여 있다. 고난은 하나님의 위에 있는 것도, 하나님의 통제를 벗어나는 것도 아니다. 고난은 하나님과 동떨어진 삶 가운데 일어나는 어떤 일이 아니다. 그것이 어떤 근원에서 솟아나든지, 어디에서 비롯되든지 상관없이 하나님은 무작정 그 근원에 책임을 돌리지 않을 만큼 매우 지혜로우시며, 언제든지 그것을 단단히 붙잡으실 수 있다. 그리하여 그 고난을 통해 성도들에 대한 가장 차원 높은 안녕으로 그분의 계획과 목적을 이루기 위해 일하신다.

이것은 로마서 8장에서 너무나 자주 인용되는 은혜로운 진술에 대한 설명이긴 하지만, 그에 관한 깊은 의미는 지금까지 누구에게서도 거의 들어보지 못했다.

"우리가 알거니와 하나님을 사랑하는 자 곧 그의 뜻대로 부르심을 입은 자들에게는 모든 것이 합력하여 선을 이루느니라. 하나님이 미리 아신 자들을 또한 그 아들의 형상을 본받게 하기 위하여 미리 정하셨으니 이는 그로 많은 형제 중에서 맏아들이 되게 하려 하심이니라. 또 미리 정하신 그들을 또한 부르시고 부르신 그들을 또한 의롭다 하시고 의롭다 하신 그들을 또한 영화롭게 하셨느니라"(롬 8:28-30).

심지어 자연의 힘으로 초래된 악들조차도 하나님의 종으로서 그분의 뜻을 수행하는 동시에 그분의 계획을 성취하게 된다. 하나님은 심지어 메뚜기, 지렁이, 애벌레도 그분의 종이라고 주장하시면서, 그분의 백성들을 바로잡고 훈계하기 위해 사용하시는 "거대한 나의 군대"라고 말씀하신다.

고난은 하나님의 도덕적인 통치 가운데서 훈계하는 부분에 속한다. 이것은 연단의 기간을 겪는 삶인데, 거기서 인간은 시험과정을 거치게 된다. 그것은 시련의 계절이다. 고난은 그 성격상 형벌이 아니다. 이는 성경에서 부르는 것처럼 '징계'에 속한 것이다.

"주께서 그 사랑하시는 자를 징계하시고 그가 받아들이시는 아들마다 채찍질하심이라 하였으니"(히 12:6).

정확히 말해서 징계는 이 세상에 속한 게 아니다. 죄에 대한 궁극적인 징계는 다음 세상에서 벌어질 일이다. 하나님이 이생에서 백성들을 바로잡기 위해 다루시는 것이 바로 징계의 본질이라고 할 수 있다. 그것은 어떤 사람에 대한 그분의 계획 속에서 그 사람을 바로 잡는 과정이다. 고난이 있을 때 기도가 물밀듯이 쏟아져 들어오는 것은 바로 이와 같은 이유 때문이다. 기도는 삶의 훈련에 속하는 것이다.

고난은 그 자체로 죄가 아닌 것과 마찬가지로 또한 죄의 증거도 아니다. 선인과 악인은 동일하게 고난을 경험한다. 의로운 자와 불의한 자에게 아무런 차별 없이 동일하게 비가 내리는 것과 마찬가지로 가뭄도 의인과 악인에게 동일하게 찾아온다. 고난은 어떤 형태로든 하나님의 불쾌감을 표출하는 증거가 아니다. 성경의 무수한 사례가 그러한 개념은 무엇이든지 틀렸다고 증명한다. 욥은 매우 흥미롭게 거기에 딱 들어맞는 사례이다. 욥기에 보면 하나님은 욥의 깊은 신앙심에 대해 분명한 증거를 가지고 있음에도 사탄에게 지혜롭고 유익한 목적을 위해 어떤 다른 사람보다 욥에게 고난을 주도록 허락하셨다. 이처럼 고난 자체에는 성도와 하나님 사이를 방해할 만한 아무런 능력이 없다. "누가 우리를 그리스도의 사랑에서 끊으리요. 환난이나 곤고나 박해나 기근이나 적신이나 위험이나 칼이랴"(롬 8:35).

하나님의 징계과정에서 발견되는 세 단어, 곧 유혹(temptation), 시련(trial), 고난(trouble)은 실제로 같지만, 그 사이에는 약간의 차이가 존재한다. 유혹이란 사실상 사탄이 악으로 꾀는 과정, 또는 인간의 육신적인 본성으로부터 생겨나는 것이다. 그러나 시련은 믿음의 시험과정이다. 그것은 우리를 연단하고 시험하기 위한 것이며,

그 과정에서 시련에 순복하여 하나님과 함께 일할 때 하나님은 우리를 더 강하고 멋지게 탈바꿈시키신다.

"내 형제들아 너희가 여러 가지 시험을 당하거든 온전히 기쁘게 여기라. 이는 너희 믿음의 시련이 인내를 만들어내는 줄 너희가 앎이라"(약 1:2-3).

사도 베드로 역시 그와 같은 흐름에서 이렇게 말했다.

"그러므로 너희가 이제 여러 가지 시험으로 말미암아 잠깐 근심하게 되지 않을 수 없으나 오히려 크게 기뻐하는도다. 너희 믿음의 확실함은 불로 연단하여도 없어질 금보다 더 귀하여 예수 그리스도께서 나타나실 때 칭찬과 영광과 존귀를 얻게 할 것이니라"(벧전 1:6-7).

세 번째 단어는 고난인데, 이것은 우리 인생에서 매우 고통스럽고 비통하고 애통한 사건들을 통칭하는 것이다. 그러나 유혹과 시련도 실제로 고난이 될 수 있다. 그러므로 이 같은 인생의 모든 악한 날이 '고난의 시기' 가운데 가장 으뜸으로 분류될 수 있을 것이다. 그런데 이러한 고난의 날들은 모든 사람에게 차별 없이 동일하게 닥쳐오는 운명이다. 그것이 어떤 근원에서 비롯되었든 간에 그 고난을 충분히 인지하는 것은 하나님께 인내심 있게 순복하며, 기도하는 가운데 그분을 인정하고, 하나님의 은혜로운 일을 성취하기 위해 하나님의 손길 안에서 고난이 그분의 대리자가 되게 만든다.

고난이 무심코 찾아온다거나 사람들이 우연이라고 부르는 과정을 통해 일어난다는 생각에 휘둘리지 않도록 단단히 마음을 다잡도록 하라. "재난은 티끌에서 일어나는 것이 아니며 고생은 흙에서 나는 것이 아니니라. 사람은 고생을 위하여 났으니 불꽃이 위로 날아가는 것 같으니라. 나라면 하나님을 찾겠고 내 일을 하나님께 의탁하리라"(욥 5:6-8). 고난은 자연히 하나님의 도덕적인 통치에 속한 것이며, 온 세상을 다스리는 매우 귀중한 대리자들 가운데 하나이다.

이와 같은 사실을 깨달을 때 우리는 성경에 기록된 많은 것을 훨씬 더 잘 이해할 수 있으며, 하나님이 이스라엘 백성들을 다루셨던 방식에 대해 훨씬 더 명확한 개념을 잡을 수 있을 것이다. 하나님이 이스라엘 백성들을 다루시는 과정에서 우리는 신적인 섭리의 역사라고 불리는 것을, 그 섭리에는 항상 고난이 포함되어 있다는 사실을 발견하게 된다. 선지자 이사야에게 이런 식으로 촉구하실 때 하나님은 고난을 감안하고 계셨다. "너희의 하나님이 이르시되 너희는 위로하라. 내 백성을 위로하라. 너희는 예루살렘의 마음에 닿도록 말하며 그것에게 외치라. 그 노역의 때가 끝났고 그 죄악이 사함을 받았느니라. 그의 모든 죄로 말미암아 여호와의 손에서 벌을 배나 받았느니라 할지니라 하시니라"(사 40:1-2).

하나님께 기도하는 성도들이 복음 안에서 누리는 위로에 대한 분명한 기록이 있는데, 이 땅에서 깨어진 심령으로 슬퍼하는 사람들에게 이와 같은 위로를 전하는 법을 알고 있는 자는 확실히 거룩하신 하나님의 일을 감당하는 지혜로운 서기관이다. 예수님도 슬퍼하는 제자들에게 이렇게 말씀하셨다. "내가 너희를 고아와 같이 버려두지 아니하고 너희에게로 오리라. 조금 있으면 세상은 다시 나를 보지 못할 것이로되 너희는 나를 보리니 이는 내가 살아 있고 너희도 살아 있겠음이라"(요 14:18-19).

지금까지 논의한 모든 내용에서는 우리가 기도와 고난의 관계를 올바로 이해할 수 있다고 이야기해왔다. 그렇다면 고난의 시기에 도대체 기도는 어떤 역할을 감당한단 말인가? 시편 기자는 우리에게 이렇게 말한다.

"환난 날에 나를 부르라. 내가 너를 건지리니 네가 나를 영화롭게 하리로다"(시 50:15).

기도는 '고난의 시기에' 우리 영혼이 할 수 있는 가장 적절한 일이다. 기도는 환난 날에 하나님을 인정하는 것이다. "사무엘이 그것을 그에게 자세히 말하고 조금도 숨기지 아니하니 그가 이르되 이는 여호와이시니 선하신 대로 하실 것이니라 하니라"(삼상 3:18). "너는 힘을 내라. 우리가 우리 백성과 우리 하나님의 성읍들을 위하여 힘을 내자. 여호와께서 선히 여기시는 대로 행하시기를 원하노라"
(대상 19:13).

　기도는 고난 중에 도우시는 하나님의 손길을 바라보며, 그것을
위해 기도한다. 고난당할 때보다 더 생생하게 우리의 무기력함을 드
러내는 것은 없다. 고난은 강한 자를 낮아지게 만들며, 우리의 연약
함이 드러나게 하며, 무기력함을 느끼게 만든다. '고난의 시기'에
하나님께로 돌아가는 법을 아는 자는 복이 있다. 만약 고난이 하나
님께 속한 것이라면 우리가 가장 자연스럽게 할 수 있는 일은 바로
그 고난을 주님께로 가져가는 것이며, 은혜와 인내와 순종을 구하는
것이다. 고난의 계절은 "주여, 당신께서는 저에게 어떻게 하시려 하
나이까?"(행 9:6, 킹제임스역)라고 물어야 할 시기이다. 짓눌리고 깨
어지고 상처 입은 영혼이 긍휼에 풍성하신 하나님의 발 앞에 엎드려
하나님의 얼굴을 구하는 것이 얼마나 당연하고 합당하단 말인가?
고난 중에 있는 영혼이 도대체 어디에서 골방보다 더 쉽게 위안을
찾을 수 있단 말인가?

　그러나 아뿔싸! 슬프게도 고난이 항상 성도들을 기도하는 가운
데 하나님께로 몰아가는 것은 아니다. 고난이 자기 영을 끌어내리고
자기 마음을 애통하게 만들지라도 그 고난이 어디에서 비롯되는지
알지 못하거나 그에 관해 어떻게 기도해야 하는지 알지 못하는 사람
의 경우는 참으로 안타깝고 슬픈 일이다. 그렇기에 고난을 통해 기
도의 무릎을 꿇도록 이끌려가는 사람은 복이 있다!

고난은 언제나 우리에게 닥치지만
겸손한 믿음으로 바라보기만 한다면
그 모든 고난에 사랑이 깃들어 있지.
그러니 오히려 이것은 내게 행복이라네.

고난은 그 약속을 달콤하게 만들지.
고난은 기도에 새 생명을 불어넣지.
나를 구세주의 발 앞으로 인도하여
그 자리에 꿇어 엎드려 꼼짝 못 하게 한다네.

고난의 시기에 위로, 도움, 소망, 그리고 축복을 달라고 기도하라. 그리하여 고난을 훨씬 더 잘 견디며 하나님의 뜻에 순복할 수 있도록 하라. 기도는 고난의 시기에 하나님의 손길을 더 잘 보도록 눈을 열어준다. 기도는 하나님의 섭리를 해석해주지는 않지만, 하나님의 섭리를 옹호하고, 그 섭리 가운데 계신 하나님을 알아채게 만든다. 기도는 우리가 고난 속에서 지혜로운 결말을 볼 수 있게 만든다. 고난 중에 하는 기도는 우리를 불신앙에서 끌어내며, 의심에서 건져주며, 우리의 고통스러운 경험 탓에 떠오르게 되는 온갖 헛되고 어리석은 질문에서 벗어나게 만든다. 욥의 온갖 고난이 거의 절정에 다다랐을 때 욥에게 붙여진 찬사에 귀 기울여보라. "이렇게 욥은, 이 모든 어려움을 당하고서도 죄를 짓지 않았으며, 어리석게 하나님을 원망하지도 않았다"(욥 1:22, 새번역).

그러나 아뿔싸! 슬프게도 하나님을 믿지 못하고, 사람들을 다루시는 하나님의 훈련과정에 대해 전혀 알지 못하는 무지하고 변변치 못한 인간들은 자신에게 고난이 찾아왔을 때 어리석게 하나님을 원망하면서 '하나님을 저주하려는' 유혹을 받는다. 고난의 시기에 이 얼마나 어리석고 소용없는 인간의 불평과 투덜거림과 반역이란 말인가! 광야의 이스라엘 백성들에 관한 이야기를 다시 읽어야 할 필요성이 얼마나 절실하단 말인가! 마치 우리 편에서 일어나는 그토록 불행한 일들이 모든 상황을 바꾸고야 말리라고 여기는 것과 마찬가지로 고난에 대한 우리의 온갖 조바심과 염려는 그 얼마나 소용없는 짓이란 말인가!

"너희 중에 누가 염려함으로 그 키를 한 자라도 더할 수 있겠느냐"(마 6:27).

기도하면서 모든 것을 하나님께로 가져갈 때 인생의 고난을 짊어지는 것이 얼마나 더 지혜롭고, 얼마나 더 낫고, 얼마나 더 수월하단 말인가?

고난은 기도하는 사람들에게 지혜로운 끝을 맺게 하는데, 이것은 실제로도 그렇다. 시편 기자와 마찬가지로 고난이 축복의 다른 모습이라는 것을 깨달은 사람은 행복하다. "고난당한 것이 내게 유익이라. 이로 말미암아 내가 주의 율례들을 배우게 되었나이다. …
여호와여 내가 알거니와 주의 심판은 의로우시고 주께서 나를 괴롭
게 하심은 성실하심 때문이니이다"(시 119:71,75).

오, 감히 누가 폭풍우처럼 몰아치는
인생의 생사고락을 견딜 수 있었을까요?
당신의 사랑스러운 날개가 침울함 속에서
찬란하게 퍼져나가지 않았다면
우리의 평화가 저 하늘 위에서부터
갈라져 나오지 않았다면 말입니다.

그러므로 이제 우리의 슬픔은
당신의 만지심으로 점차 환해지고 있습니다.
환희로 가득 찬 광선보다 더 찬란하게 빛나고 있습니다.
마치 어둠이 우리에게 빛의 세계를
더욱 명확하게 보여줄 때까지
지금까지 우리는 한 번도 낮을 구경해보지 못했습니다.

물론 어떤 고난은 실제로 존재하지 않는다는 사실에 고개를 끄
덕일 수도 있다. 그러한 고난은 단지 상상 속에서만 머물러 있을 뿐
이지 실제로 존재하지는 않는다. 어떤 고난은 아직 우리 앞에 나타

나지 않은 것을 지레짐작으로 미리 걱정하는 것에 지나지 않는다. 다른 고난은 과거에 일어난 것인데, 그것에 관해 염려하는 것은 매우 어리석은 짓이다. 그러나 현재의 고난은 상당히 많은 주의와 기도가 요구되는 것이다.

"그러므로 내일 일을 위하여 염려하지 말라. 내일 일은 내일이 염려할 것이요 한 날의 괴로움은 그날로 족하니라"(마 6:34).

어떤 고난은 우리 스스로 만들어낸 것이다. 우리 자신이 그것의 근원이다. 이 가운데 어떤 것은 자신도 모르는 사이에 우리에게서 생겨나며, 어떤 것은 무지로 말미암아, 어떤 것은 부주의 때문에 생겨나기도 한다. 이 모든 것은 전부 기도 제목이며, 우리를 기도로 몰아갈 수밖에 없다는 선언이라고 쉽게 인정할 수밖에 없다. 어린 자녀가 부주의하여 넘어져 운다고 해서 도대체 어떤 아버지가 이 아이를 그냥 내버려 두겠는가? 자기 아이가 그 사고에 대한 책임이 있다 하더라도 그 아버지의 귀에는 자기 아이의 울음소리가 먼저 확 들어오지 않겠는가? "너희가 바라는 것은 무엇이든지"라는 말에는 비록 우리 자신이 이런저런 사건에 책임이 있다 하더라도 우리의 삶에서 일어나는 모든 사건이 거기에 포함된다.

어떤 고난은 인간적인 이유에다 기원을 둔다. 그러한 고난은 이차적인 원인으로부터 생겨난다. 그와 같은 고난은 다른 것들과 함께 생겨나는데, 그래서 우리는 그로부터 고통을 당한다. 이것이 바로 아무런 죄 없는 사람들이 자주 타인의 행위에 따른 결과로 고통을 당하는 것이다. 타인으로 말미암아 가끔 고통받지 않는 사람이 도대체 누가 있단 말인가? 그러나 이러한 것들조차도 하나님의 섭리에 따른 명령으로 허락되는 것이고, 유익한 결말을 얻도록 우리 삶 가운데 끼어들도록 허용된 것이다. 우리가 그것을 위해 기도할 수 있도록 하기 위한 것이다.

도대체 왜 우리가 타인의 행위로 말미암아 생겨난 상처, 잘못된 것, 빼앗긴 것 따위를 기도하면서 하나님께로 가져가서는 안 된다고 생각해야 한단 말인가? 그러한 것들은 기도의 세계 밖에 속하기라도 한단 말인가? 그것들이 기도의 법칙에서 예외라도 된단 말인가? 전혀 그렇지 않다. 그리고 하나님은 기도에 응답하여 그러한 모든 사건을 충분히 붙잡고 계실 수 있으며, 실제로 단단히 붙잡고 계신다. 또한 하나님은 "그러므로 우리가 낙심하지 아니하노니 우리의 겉사람은 낡아지나 우리의 속사람은 날로 새로워지도다. 우리가 잠시 받는 환난의 경한 것이 지극히 크고 영원한 영광의 중한 것을 우리에게 이루게 함이니 우리가 주목하는 것은 보이는 것이 아니요 보이지 않는 것이니 보이는 것은 잠깐이요 보이지 않는 것은 영원함이라"(고후 4:16-18)는 말씀이 우리 안에 이루어지게 하신다.

사도 바울의 거의 모든 고난은 사악하고 비이성적인 사람들 때문에 생겨났다. 고린도후서 11장 23~33절에서 바울이 들려주는 이야기를 한번 읽어보라. "그들이 그리스도의 일꾼이냐. 정신없는 말을 하거니와 나는 더욱 그러하도다. 내가 수고를 넘치도록 하고 옥에 갇히기도 더 많이 하고 매도 수없이 맞고 여러 번 죽을 뻔하였으니 유대인들에게 사십에서 하나 감한 매를 다섯 번 맞았으며 세 번 태장으로 맞고 한 번 돌로 맞고 세 번 파선하고 일 주야를 깊은 바다에서 지냈으며 여러 번 여행하면서 강의 위험과 강도의 위험과 동족의 위험과 이방인의 위험과 시내의 위험과 광야의 위험과 바다의 위험과 거짓 형제 중의 위험을 당하고 또 수고하며 애쓰고 여러 번 자지 못하고 주리며 목마르고 여러 번 굶고 춥고 헐벗었노라. 이 외의 일은 고사하고 아직도 날마다 내 속에 눌리는 일이 있으니 곧 모든 교회를 위하여 염려하는 것이라. 누가 약하면 내가 약하지 아니하며 누가 실족하게 되면 내가 애타지 아니하더냐. 내가 부득불 자랑할진대 내가 약한 것을 자랑하리라. 주 예수의 아버지 영원히 찬송할 하나님이 내가 거짓말 아니하는 것을 아시느니라. 다메섹에서 아레다 왕의 고관이 나를 잡으려고 다메섹 성을 지켰으나 나는 광주리를 타고 들창문으로 성벽을 내려가 그 손에서 벗어났노라."

그런데 어떤 고난은 또한 직접적으로 사탄에게 근원을 두고 있기도 하다. 욥의 고난은 거의 다 욥의 신실함을 무너뜨리고, 하나님을 어리석게 원망하면서 그분을 저주하게 만들려는 사탄의 궤계에 따른 산물이었다. 그러나 과연 이러한 것을 기도하는 가운데 분별할 수 있겠는가? 그것이 하나님의 훈련과정에서 배제되어야 하겠는가? 욥은 그렇게 하지 않았다. 다음과 같은 익숙한 말씀으로 욥의 목소리를 한번 들어보자. "내가 모태에서 알몸으로 나왔사온즉 또한 알몸이 그리로 돌아가올지라. 주신 이도 여호와시요 거두신 이도 여호와시오니 여호와의 이름이 찬송을 받으실지니이다 하고 이 모든 일에 욥이 범죄하지 아니하고 하나님을 향하여 원망하지 아니하니라"(욥 1:21-22).

오, 우리 삶의 모든 사건에서 하나님을 만나 뵙는다는 것은 얼마나 커다란 위안을 준단 말인가! 슬픔 가운데 하나님의 손길을 만난다는 것은 깨어지고 애통해하는 마음에 얼마나 커다란 위로를 건넨단 말인가! 슬픔 가운데 우리 마음을 내려놓는 기도는 얼마나 커다란 안도의 근원이란 말인가!

오, 애통해하는 자의 눈물을 닦아주시는 당신이시여
아무리 이 세상이 어두울지라도
여기서 속고 상처를 입었을 때조차도
만약 우리가 도무지 당신에게로 날아갈 수 없다면?

우리 햇빛 속에서 살아가는 친구들은
겨울이 찾아올 때 자취를 감춰버립니다.
그리고 오직 눈물밖에 나눠줄 게 없는 자는
단지 그러한 눈물만 흘리고 있을 수밖에 없답니다.

그러나 당신은 상한 마음을 깨끗이 치유하시는 분이기에

마치 상처 난 곳에서 향기를 내뿜는 식물처럼

그 마음은 오히려 문제로부터 달콤함을 들이마시지요!

그러나 고난이 생겨나는 온갖 근원을 샅샅이 조사해볼 때 그 모든 것은 다음과 같은 두 가지 매우 귀중한 사실을 가르쳐준다. 첫째, 결국 우리의 고난은 하나님께 속해 있다는 사실이다. 이러한 고난은 우리 주님의 동의로 찾아오게 된다. 우리 주님은 그 모든 고난 가운데 계시며, 이러한 고난이 우리를 짓누르고 상하게 만들 때 우리에게 지대한 관심을 두고 계신다. 그리고 둘째로, 우리에게 닥치는 고난의 원인이 무엇이든 간에 우리 자신이든, 인간이든, 사탄이든, 심지어 하나님 자신이든 간에 우리는 기도 가운데 하나님께로 그 고난을 가지고 나가서 그것을 위해 기도하며, 그로부터 영적인 유익을 최대한 얻기 위해 애써야 할 책임과 권한이 있다.

고난의 시기에 올려드리는 기도는 우리 영을 하나님의 뜻에 완벽하게 순종하게 만들며, 우리의 의지가 하나님의 뜻에 전적으로 순응하게 만들어 반항하는 마음이나 우리 주님께 비판적인 영과 같은 모든 것에서 벗어나도록 도와준다. 기도는 우리가 지고한 선에 이르도록 그러한 고난을 성별해준다. 기도는 우리 마음을 넉넉히 준비시킨 나머지 하나님의 훈련하시는 손길 아래서 살코기처럼 부드러워지게 만든다.

기도는 하나님이 우리에게 영적으로 가장 커다란 선을 가져다주실 수 있는 곳으로 영원히 우리를 이끌어간다. 기도는 고난의 날에 하나님이 우리에게, 우리 안에서 자유롭게 일하실 수 있도록 허락한다. 기도는 고난의 길에 있는 모든 것을 제거하여 우리에게 가장 달콤하고, 가장 고상하고, 가장 커다란 선을 가져다준다. 기도는 하나님의 종인 고난이 우리 안에서, 우리와 함께, 우리를 위해 자기 사명을 완수하도록 돕는다.

고난의 결말은 항상 하나님의 마음속에 자리 잡은 선이다. 만약 고난이 자기 사명을 다하지 못한다면 기도하지 않았거나 불신앙 때문이요, 아니면 둘 다이기 때문이다. 그분의 섭리를 펼치는 데 있어서 하나님과 조화를 이루는 것은 항상 고난을 축복으로 만든다. 고난이 선인지 악인지에 관해서는 항상 그것을 받아들이는 우리의 영이 결정하는 것이다. 우리가 그것을 어떻게 받아들이고 취급하느냐에 따라 고난은 축복이나 저주로 드러나게 된다.

고난은 우리 마음을 부드럽게 만들기도 하고, 단단하게 만들기도 한다. 고난은 우리를 기도와 하나님께로 이끌어가기도 하고, 하나님과 골방에서 이끌어내기도 한다. 마침내 고난이 그 자신에게 아무런 영향력도 미치지 못하게 되어, 더욱 극단적으로 무모해져서, 하나님에게서 점점 더 멀어지게 만들 수밖에 없을 때까지 고난은 바로의 마음을 강퍅하게 만들었다. 같은 태양이 양초를 부드럽게 녹이기도 하고 찰흙을 딱딱하게 굳게도 만든다. 그와 같은 태양이 얼음을 녹이는 동시에 지구 표면의 수분을 증발시키기도 한다.

고난에 수없이 많은 종류가 있듯이 기도와 다른 것들 사이의 관계에도 수없이 다양한 종류가 있다. 기도의 제목으로 삼을 만한 것들이 도대체 얼마나 많단 말인가! 그것은 우리의 관심을 끄는 모든 것과 관계가 있으며, 우리가 함께해야 하는 모든 사람과 관계가 있으며, 모든 시간이나 시대와 관계가 있다. 그러나 기도는 특히 고난과 더욱 밀접한 관계가 있다. "이 곤고한 자가 부르짖으매 여호와께서 들으시고 그의 모든 환난에서 구원하셨도다"(시 34:6).

오, 고난의 날에 우리에게 다가오는 기도의 축복, 도움, 위로가 얼마나 크고 놀라운지! 또한 고난의 시기에 우리에게 다가오는 하나님의 약속들이 얼마나 신묘막측한지! "하나님이 이르시되 그가 나를 사랑한즉 내가 그를 건지리라. 그가 내 이름을 안즉 내가 그를 높이리라. 그가 내게 간구하리니 내가 그에게 응답하리라. 그들이 환난 당할 때에 내가 그와 함께하여 그를 건지고 영화롭게 하리라. 내가 그를 장수하게 함으로 그를 만족하게 하며 나의 구원을 그에게 보이리라 하시도다"(시 91:14-16).

만약 고통이 괴롭히거나 잘못이 짓누른다면
만약 온갖 염려로 산만해지거나 두려움이 낙담하게 한다면
만약 죄책감이 기운을 꺾거나 죄악이 고통스럽게 만든다면
그 어떤 경우에라도 여전히 깨어 있어서 기도하라.

하나님이 이사야의 입을 통해 그분을 믿고 기도하는 사람들에게 전해주시는 약속의 말씀이, 그 말씀의 달콤함이 얼마나 풍성한지, 고난의 영역에도 얼마나 멀리까지 영향을 미치는지, 믿음을 얼마나 북돋우는지 모른다.

"야곱아 너를 창조하신 여호와께서 지금 말씀하시느니라. 이스라엘아 너를 지으신 이가 말씀하시느니라. 너는 두려워하지 말라. 내가 너를 구속하였고 내가 너를 지명하여 불렀나니 너는 내 것이라. 네가 물 가운데로 지날 때에 내가 너와 함께 할 것이라. 강을 건널 때에 물이 너를 침몰하지 못할 것이며 네가 불 가운데로 지날 때에 타지도 아니할 것이요 불꽃이 너를 사르지도 못하리니 대저 나는 여호와 네 하나님이요 이스라엘의 거룩한 이요 네 구원자임이라. 내가 애굽을 너의 속량물로 구스와 스바를 너를 대신하여 주었노라. 네가 내 눈에 보배롭고 존귀하며 내가 너를 사랑하였은즉 내가 네 대신 사람들을 내주며 백성들이 네 생명을 대신하리니 두려워하지 말라. 내가 너와 함께하여 네 자손을 동쪽에서부터 오게 하며 서쪽에서부터 너를 모을 것이며 내가 북쪽에게 이르기를 내놓으라. 남쪽에게 이르기를 가두어 두지 말라. 내 아들들을 먼 곳에서 이끌며 내 딸들을 땅끝에서 오게 하며 내 이름으로 불려지는 모든 자 곧 내가 내 영광을 위하여 창조한 자를 오게 하라. 그를 내가 지었고 그를 내가 만들었느니라"(사 43:1-7).

기도는 환난 중에 인내를 낳고 빛을 발하며 최고의 가치를 드러낸다.

:
:

기도의 능력은
환난 중에
더욱 빛난다

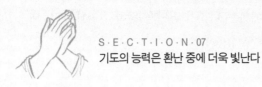

신약성경에서는 고난이라는 개념을 아우르기 위해 사용된 세 가지 용어가 있다. 그것은 바로 환난(tribulation), 고통(suffering), 수난 (affliction)인데, 서로 조금씩 다르긴 하지만 각 용어는 부분적으로 어떤 종류의 고난을 의미한다. 우리 주님은 제자들에게 이 세상에서 환난을 충분히 예견할 수 있는 것이라고 알려주시면서, 환난은 이 세상에 속한 것이므로 거기에서 회피할 수 있으리라고 기대하지 말라고 가르쳐주셨다. 또한 제자들이 꽃으로 장식된 안락한 침대에 누워 이생을 보낼 수는 없을 것이라고도 가르쳐주셨다. 이처럼 분명하고도 명백한 교훈을 배우기란 실제로 얼마나 어렵단 말인가!

"이것을 너희에게 이르는 것은 너희로 내 안에서 평안을 누리게 하려 함이라. 세상에서는 너희가 환난을 당하나 담대하라. 내가 세상을 이기었노라"(요 16:33).

여기에는 격려와 위로가 담겨 있다. 우리 주님이 세상과 환란을 이기셨던 것과 마찬가지로 제자들 역시 그와 같은 일을 충분히 감당할 수 있다. 형제들의 영혼에 확신을 불어넣으면서 계속해서 믿음 안에 거하도록 격려하는 과정에서 사도 바울은 사역 전반에 걸쳐 그와 같은 교훈을 가르치면서 이렇게 말했다. "제자들의 마음을 굳게 하여 이 믿음에 머물러 있으라 권하고 또 우리가 하나님의 나라에 들어가려면 많은 환난을 겪어야 할 것이라"(행 14:22). 바울은 경험을 통해 이것을 잘 알고 있었다. 왜냐하면 바울이 걸어온 인생길은 순조로움이나 화려함과는 거리가 멀었기 때문이다.

최종적인 하늘의 영광과 여러 가지 인생의 고난을 대조하면서 위로하는 단락에서, 그것이 신적인 섭리에 따른 불행을 참을성 있게 견디는 모든 사람에 대한 보상일 것이라고, 그리고 그러한 인생의 고난을 묘사하기 위해 '고통'이라는 단어를 사용한 사람이 바로 사도 바울이다. "생각하건대 현재의 고난은 장차 우리에게 나타날 영광과 비교할 수 없도다"(롬 8:18).

그리고 이 세상에서 하나님의 사람들에게 닥쳐오는 '수난'에 대해 이야기하면서, 그 모든 고난 가운데서도 순종적으로 인내하면서 신실함을 잃지 않는 모든 사람을 기다리고 있는 영광의 무게와 비교할 때, 그것들을 오히려 가볍게 여긴다고 말한 사람이 바로 사도 바울이다.

> "우리가 잠시 받는 환난의 경한 것이 지극히 크고 영원한 영광의 중한 것을 우리에게 이루게 함이니 우리가 주목하는 것은 보이는 것이 아니요 보이지 않는 것이니 보이는 것은 잠깐이요 보이지 않는 것은 영원함이라"(고후 4:17-18).

그러나 이러한 현재의 수난은 단지 우리가 기도하는 가운데 하나님과 협력하는 경우에만 우리를 위해 일할 수 있다. 하나님이 기도를 통해 일하실 때 하나님은 오직 이와 같은 수단을 통해서만 우리를 위한 그분의 지고한 목적을 달성하실 수 있다. 하나님의 섭리는 기도하는 자들에게 가장 큰 효과를 나타내면서 일하게 된다. 기도하는 사람들은 고난의 용도를 잘 알고 있으며, 고난의 은혜로운 계획도 충분히 인지하고 있다. 고난의 가장 커다란 가치는 하나님의 보좌 앞에서 가장 낮은 자세로 엎드리는 자들에게 찾아온다.

환난 가운데서도 인내하라고 촉구하는 바울은 그 환난을 곧장 기도로 연결한다. 마치 오직 기도만이 환난을 당할 때 인내할 수 있는 자리로 우리를 데려다주는 것처럼 말이다. "형제를 사랑하여 서로 우애하고 존경하기를 서로 먼저 하며 부지런하여 게으르지 말고 열심을 품고 주를 섬기라. 소망 중에 즐거워하며 환난 중에 참으며

기도에 항상 힘쓰며 성도들의 쓸 것을 공급하며 손 대접하기를 힘
쓰라"(롬 12:10-13). 여기서 바울은 환난과 기도를 나란히 짝지으
면서 이 둘의 밀접한 관계를 보여주는 동시에, 환난 가운데 인내를
낳고 키워주는 기도의 가치를 드러내고 있다. 사실상 즉각적이고
지속적인 기도를 통해 인내가 확실하게 보장될 때는, 고난이 닥치
는 경우라도 전형적으로 나타나는 인내가 전혀 눈에 띄지 않을 수
도 있다. 이처럼 기도 학교는 기본적으로 인내를 배우고 훈련하는
곳이다.

기도는 환난을 견뎌낼 뿐만 아니라 기쁨의 영 아래 머물러 있도
록 우리를 은혜의 상태로 인도해준다. 로마서 5장에서 칭의의 은혜
로운 유익들에 관해 보여주면서 바울은 이렇게 말한다.

"다만 이뿐 아니라 우리가 환난 중에도 즐거워하나니 이는 환난은
인내를, 인내는 연단을, 연단은 소망을 이루는 줄 앎이로다. 소망
이 우리를 부끄럽게 하지 아니함은 우리에게 주신 성령으로 말미
암아 하나님의 사랑이 우리 마음에 부은 바 됨이니"(롬 5:3-5).

여기에 환난으로부터 흘러나오는 은혜의 고리가 얼마나 놀랍게
시작되고 있단 말인가! 신앙적인 체험이라는 높은 단계로 나아가는
연속적인 단계들이 얼마나 놀랍게 제시되고 있단 말인가! 그리고 심
지어 이처럼 고통스러운 환난으로부터 얼마나 풍성한 열매가 생겨

나고 있단 말인가!

그와 같은 결과가 베드로전서에 등장하는 베드로의 말, 곧 이 편지를 쓰고 있는 대상인 그리스도인들을 향한 강력한 기도에서도 나타난다. 그리하여 '고통'과 가장 고상한 형태의 은혜는 서로 밀접하게 연관되어 있다는 사실을 보여주는 동시에, 그리스도인의 체험 가운데 그러한 높은 경지로 이끌어주는 것은 바로 고통을 통해서라는 사실을 넌지시 알려준다. "모든 은혜의 하나님 곧 그리스도 안에서 너희를 부르사 자기의 영원한 영광에 들어가게 하신 이가 잠깐 고난을 당한 너희를 친히 온전하게 하시며 굳건하게 하시며 강하게 하시며 터를 견고하게 하시리라"(벧전 5:10).

하나님이 성도들을 정련하고 가장 높은 상태로 이끌어주는 것은 바로 고통의 불 안에서다. 성도들의 믿음이 시련을 겪는 것은 성도들의 인내가 시험을 받는 것은 용광로 안에서이며, 성도들은 그리스도인의 성품을 형성하는 온갖 풍성한 미덕 안에서 자라간다. 하나님이 기도하며 믿는 성도들에게로 얼마나 가까이 다가올 수 있는지를 보여주는 것은 성도들이 사납고 깊은 물길을 직접 헤쳐 나가는 동안이다.

우리가 환난을 통과하도록 부르심을 받을 때 그것을 즐겁게 여기기 위해서는 오늘날의 일반적인 신앙을 훨씬 뛰어넘어 매우 높은 차원의 믿음과 그리스도인의 체험이 필요하다. 자기 백성을 다루시는 하나님의 가장 커다란 목적은 그리스도인의 성품을 발전시키는 데 있다. 하나님은 우리 주 예수 그리스도에게 속해 있는 풍성한 미덕을 우리 안에 생겨나게 하려고 애쓰고 계신다. 또한 우리가 하나님을 닮게 하려고 애쓰신다.

하나님이 우리 안에서 원하시는 것은 그다지 많은 일이 아니다. 그것은 위대함도 아니다. 그것은 우리 안에서 하나님 뜻에 대한 인내, 온유, 순종을 드러내는 것이며, 모든 것을 하나님께로 가지고 나아가서 기도하는 것이다. 하나님은 그것을 통해 그분의 형상을 우리 안에 만들기 원하신다. 그런데 어떤 형태의 고난은 바로 이와 같은 일을 담당하는 경향이 있다. 왜냐하면 이것이 바로 고난의 목적이자 결말이기 때문이다. 이것이 바로 고난이 감당해야 하는 일이다. 이것이 바로 고난이 수행하도록 부르심을 받은 과업이다. 고난은 우리 삶 가운데 우연히 일어나는 사건이 아니다. 고난은 고난을 자신의 대리자로 삼아 가장 좋은 결과가 일어나게 만드는, 가장 지혜로운 설계자가 든든히 뒷받침하는 분명한 계획을 담당하고 있다.

히브리서 기자는 우리에게 고난에 대해 완벽한 안내를 제공하는데, 이는 포괄적으로 명확하게 충분히 공부할 만한 가치가 있는 것이다. 여기에는 고난에 대한 또 다른 용어로 '징계'(chastisement)라는 말이 등장한다. 이는 하나님의 손으로부터 임하는 것이며, 우리 삶에서 일어나는 온갖 슬프고 괴로운 사건들 가운데 하나님이 계신다는 사실을 보여준다. 여기에는 그 고난의 성격과 은혜로운 설계가 담겨 있다. 그 용어의 정확한 의미에서 그것은 단순히 체벌이 아니라 하나님이 이 땅에서 살아가는 그분의 자녀들을 다루시면서 교정하고 훈계하기 위해 사용하는 수단을 일컫는다. 그런 다음에야 우리는 하나님의 자녀가 되었다는 증거, 곧 징계가 있었다는 사실을 간직하게 된다.

징계의 궁극적인 목적은 우리의 유익을 위함이다. "오직 하나님은 우리의 유익을 위하여 그의 거룩하심에 참여하게 하시느니라. 무릇 징계가 당시에는 즐거워 보이지 않고 슬퍼 보이나 후에 그로 말미암아 연단 받은 자들은 의와 평강의 열매를 맺느니라"(히 12:10-11). 그러나 이 모든 훈계과정에는 하나님이 우리에게 그분을 닮을 수 있게 만들기 위한 목적도 있다고 말하는 또 다른 방식이 있다. 징계가 하나님 편에서 분노나 불쾌함을 표시하는 증거가 아니라 그분의 사랑을 보여주는 강력한 증거라는 사실이 또한 우리에게 커다란 격려가 된다. 이처럼 중요한 주제에 대한 온전한 안내를 한 번 더 읽어보자.

"또 아들들에게 권하는 것같이 너희에게 권면하신 말씀도 잊었도다. 일렀으되 내 아들아 주의 징계하심을 경히 여기지 말며 그에게 꾸지람을 받을 때에 낙심하지 말라. 주께서 그 사랑하시는 자를 징계하시고 그가 받아들이시는 아들마다 채찍질하심이라 하였으니 너희가 참음은 징계를 받기 위함이라. 하나님이 아들과 같이 너희를 대우하시나니 어찌 아버지가 징계하지 않는 아들이 있으리요 징계는 다 받는 것이거늘 너희에게 없으면 사생자요 친아들이 아니니라.

또 우리 육신의 아버지가 우리를 징계하여도 공경하였거든 하물며 모든 영의 아버지께 더욱 복종하며 살려 하지 않겠느냐. 그들은 잠시 자기의 뜻대로 우리를 징계하였거니와 오직 하나님은 우리의 유익을 위하여 그의 거룩하심에 참여하게 하시느니라. 무릇 징계가 당시에는 즐거워 보이지 않고 슬퍼 보이나 후에 그로 말미암아 연단 받은 자들은 의와 평강의 열매를 맺느니라"(히 12:5-11).

마치 기도가 그 넓은 범위 안에 모든 것을 포괄하듯이 고난 역시 그 용도와 계획이 거의 무한할 정도로 다양하다. 주의를 기울이고, 사람들에게 분주하게 돌아가는 일상의 쳇바퀴를 멈추게 하고, 자신의 무기력함과 결핍과 죄악을 감지할 수 있도록 하기 위해서는 때때로 고난이 필요하다. 가시에 묶인 채로 이방 땅으로 끌려가 지독한 고난을 당하기까지 므낫세 왕은 먼저 깨어서 하나님께로 다시 돌아가지 않았다. 므낫세 왕이 자신을 겸비하게 하여 하나님을 부르기 시작한 것은 고난을 당하기 시작하던 바로 그때였다.

탕자는 잘나가는 시절에는 독립적이고 자족하는 삶을 살았으나 돈과 친구들이 다 떠나가자 자신에게서 결핍을 느끼기 시작했으며, 그때야 비로소 제정신이 들어 자기 입술로 기도하며 잘못을 고백하게 되었다. 그러고는 곧장 자기 아버지 집으로 돌아가기로 하였다. 하나님을 잊어버린 수많은 사람이 자기 방식에 사로잡혀 거기에 집착한 나머지 고난을 겪어야만 겨우 하나님을 기억하여 기도하게 된다. 사람들 가운데 이와 같은 일이 벌어질 때 고난이 얼마나 커다란 복이란 말인가!

욥이 말한 또 다른 이유 중에는 이와 같은 게 있다. "볼지어다. 하나님께 징계받는 자에게는 복이 있나니 그런즉 너는 전능자의 징계를 업신여기지 말지니라. 하나님은 아프게 하시다가 싸매시며 상하게 하시다가 그의 손으로 고치시나니 여섯 가지 환난에서 너를 구원하시며 일곱 가지 환난이라도 그 재앙이 네게 미치지 않게 하시며 기근 때에 죽음에서 전쟁 때에 칼의 위협에서 너를 구원하실 터인즉 네가 혀의 채찍을 피하여 숨을 수가 있고 멸망이 올 때에도 두려워하지 아니할 것이라"(욥 5:17-21).

여기서 한 가지를 더 거론할 수 있을 것 같다. 고난은 이 땅을 그다지 바람직하지 않은 곳으로 만들어 소망의 지평선 너머로 저 천국이 더욱 크게 드러나도록 이끈다. 고난이 전혀 닥치지 않는 세상이 있다. 그러니까 환난의 길은 바로 그 세상으로 이끌어준다. 지금 거기에 있는 사람들은 환난을 통해 거기로 갔다. 마치 태풍 같은 슬픔이 우리를 휩쓸고 지나가듯이 우리의 소망에 호소하면서 우리의 갈망하는 눈 앞에 펼쳐지는 세상이라니! 요한이 거기에 대해, 그리고 거기에 있는 사람들에 대해 이야기하는 소리를 들어보라.

"이 일 후에 내가 보니 각 나라와 족속과 백성과 방언에서 아무도 능히 셀 수 없는 큰 무리가 나와 흰옷을 입고 손에 종려 가지를 들고 보좌 앞과 어린 양 앞에 서서 큰 소리로 외쳐 이르되 구원하심이 보좌에 앉으신 우리 하나님과 어린 양에게 있도다 하니 모든 천사가 보좌와 장로들과 네 생물의 주위에 서 있다가 보좌 앞에 엎드려 얼굴을 대고 하나님께 경배하여 이르되 아멘. 찬송과 영광과 지혜와 감사와 존귀와 권능과 힘이 우리 하나님께 세세토록 있을지어다. 아멘 하더라. 장로 중 하나가 응답하여 나에게 이르되 이 흰옷 입은 자들이 누구며 또 어디서 왔느냐. 내가 말하기를 내 주여 당신이 아시나이다 하니 그가 나에게 이르되 이는 큰 환난에서 나오는 자들인데 어린 양의 피에 그 옷을 씻어 희게 하였느니라. 그러므로 그들이 하나님의 보좌 앞에 있고 또 그의 성전에서 밤낮 하나님을 섬기매 보좌에 앉으신 이가 그들 위에 장막을 치시리니 그들이 다시는 주리지도 아니하며 목마르지도 아니하고 해나 아무 뜨거운 기운에 상하지도 아니하리니 이는 보좌 가운데에 계신 어린 양이 그들의 목자가 되사 생명수 샘으로 인도하시고 하나님께서 그들의 눈에서 모든 눈물을 씻어주실 것임이라"(계 7:9-17).

거기서 나는 피곤에 지친 영혼을 편히 쉬게 할 테야.
하늘 안식을 마음껏 누리는 바다 한가운데서
어떤 고난의 파도도 넘실대지 않는 평화로운 곳에서
내 마음 가득히 평안으로 넘쳐나게 할 테야.

오, 하나님의 자녀들이여! 지금까지 많은 고통을 당했고, 극심한 시련을 겪었으며, 그 슬픈 경험 탓에 자주 깨어진 영과 피투성이 마음을 간직할 수밖에 없었던 자들이여, 기운을 내라! 하나님이 모든 고난 가운데 계시며, 그분은 모든 것이 "합력하여 선을 이루는" 모습을 지켜보고 계실 것이다. 만약 당신이 오직 인내하며, 순종하며, 기도하며, 기다리기만 한다면 말이다.

온전히 성별된 사람은 기도를 통해 일하시는 하나님의 대리자이다.

:
:

기도의
진정한 표현은
성별된 삶이다

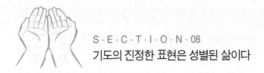

S·E·C·T·I·O·N·08
기도의 진정한 표현은 성별된 삶이다

기도의 다차원적인 양상을 공부해 보면 우리는 기도와 관련해서 엄청나게 많은 것이 있음에 깜짝 놀라게 된다. 우리 인간사 중에서 기도가 영향을 미치지 않는 양상은 아무것도 없으며, 기도는 인간의 구원에 영향을 미치는 모든 것과 긴밀하게 관련을 맺는다. 기도와 성별도 서로 밀접하게 관련되어 있다. 기도는 성별로 이끌어주고 성별을 다스린다. 기도는 성별에 앞서갈 뿐만 아니라 성별을 동반하는 동시에 성별의 직접적인 결과이기도 하다. 많은 일이 그 안에 성별이 없으면서도 성별이라는 이름 아래서 진행된다.

성별의 직임과 목적에 관련지어 볼 때 오늘날 수많은 성별은 결함투성이인데다 피상적이고 거짓되며 아무런 가치도 없다. 인기 있는 성별 프로그램은 거기에 기도가 거의 또는 아예 없으므로 치명적인 결점을 내포하고 있다. 수많은 기도로 말미암아 나타나는 직접적인 열매가 아니며, 기도생활로 이끌어주지 못하는 어떤 성별도 생각할 만한 가치나 여지가 전혀 없다. 기도는 성별된 삶에서 두드러지게 나타나는 요소이다.

성별은 소위 단순한 예배나 섬김의 삶보다 훨씬 더 많은 의미를 담고 있다. 다른 무엇보다 그것은 개인적인 성결의 삶이다. 성별은 마음속으로 영적인 능력을 가져오며, 내적인 사람을 온전히 살아 있게 만드는 것이다. 성별은 언제나 하나님을 인식하는 삶이며, 참된 기도에 자신을 내주는 삶이다.

충만한 성별은 그리스도인의 삶 가운데 최고 형태이다. 성별은 체험과 삶과 섬김에 관한 단 하나의 신적인 기준이다. 성별은 성도가 목표로 삼아야 하는 유일한 요소이다. 온전한 성별에 미치지 못하는 어떤 것도 분명히 하나님을 만족시키지 못한다. 자신의 동의를 통해 충분히, 전적으로 주님의 소유가 될 때까지 그 사람은 결코 만족해서는 안 된다. 그 사람의 기도는 자연스럽게, 자발적으로 이와 같은 한 가지 행동으로 귀결된다.

성별은 자기 자신을 하나님께 자발적으로 드리는 헌신이며, 확실하게 드려지는 제물이며, 조금도 주저 없이 드려지는 제사이다. 성별은 다른 무엇보다 하나님께 먼저 우리 존재의 전부, 우리 소유의 전부, 우리의 존재나 소유가 될 것으로 예상되는 전부 가운데서 따로 떼어놓는 것이다. 성별은 교회에 자신을 내놓거나 어떤 한 가지 부류의 교회 일에 단순히 참여하는 그런 정도를 말하는 게 아니다. 오히려 성별은 전능하신 하나님을 마음속에 담아두는 것이며, 하나님이 모든 성별의 목적이자 결말이다.

성별이란 자기 존재와 소유의 모든 것을 성스러운 용도에 바치는 것이다. 어떤 것을 특별한 목적으로 바칠 수도 있지만, 그것은 진정한 의미에서 성별이 아니다. 성별에는 성스러운 성격이 있다. 성별은 거룩한 목적에 드려지는 것이다. 성별은 성화를 목적으로 자신을 하나님의 손에 자발적으로 내놓아 성스럽고 거룩하게 사용되도록 하는 것이다.

성별은 단지 죄악된 것과 사악한 목적으로부터 자신을 따로 떼어놓는 정도를 말하는 게 아니다. 오히려 세상적이고 세속적이며 심지어 합법적인 것으로부터 분리되는 것이다. 만약 그것이 하나님의 계획, 곧 거룩한 용도와 충돌을 일으킨다면 말이다. 성별은 하나님이 특별하게 사용하시도록 그분께 우리 소유의 전부를 바치는 것이다. 성별은 의심스러운 것, 심지어 합법적인 것과도 분리하는 것이다. 이생의 것과 하나님의 요청 사이에서 그러한 선택이 이루어져야 한다면 말이다.

하나님의 요구를 만족시키고 그분이 받으실만한 성별은 아무런 마음의 주저 없이, 아무것도 남겨두지 않고서 충분하고도 완전히 내주는 것이다. 성별은 부분적일 수 없으며, 구약시대의 번제가 부분적일 수 있었던 것보다 훨씬 더 완전해야 한다. 그 당시에는 흠 없는 온전한 동물을 희생제사로 드려야 했다. 그 동물 가운데 어느 부분을 남겨두는 것은 그 희생제사를 심각하게 손상시키는 죄였다. 그러므로 내키지 않는 마음으로 부분적인 성별을 드리는 것은 전혀 성별된 것이 아니며, 거룩하신 하나님이 기쁘게 받으시는 온전한 제사가 될 수 없다. 이처럼 성별에는 우리의 전 존재, 우리 존재의 전부, 우리 소유의 전부가 포함된다. 하나님이 최고로, 최대한 사용하시도록 하나님의 손에 확실하게 자발적으로 모든 것을 내드려야 한다.

성별은 거룩함에 관한 모든 것이 아니다. 이 지점에서 수많은 사람이 실수를 저지른다. 성별은 우리를 상대적으로 거룩하게 만든다. 우리가 이전에 관련되어 있었다는 사실이 아니라 오직 지금 하나님과 밀접하게 관련을 맺고 있다는 의미에서만 우리는 거룩하다. 성별이란 거룩함의 인간적인 측면이다. 이와 같은 의미에서, 오직 이와 같은 의미에서만 성별은 자기 성화이다. 가장 진정한 의미에서, 가장 고차원적인 의미에서 성화나 거룩함은 신적인 것이며, 우리 마음속에서 일하시면서 그 마음을 깨끗하게 하여 그로부터 더 높은 차원에서 성령의 열매를 맺도록 도와주는 성령님의 행위이다.

이와 같은 구분은 모세를 통해 레위기에서 분명하게 제시되고 밝히 드러난다. 거기에서 모세는 성화나 거룩함의 인간적인 측면과 신적인 측면을 잘 보여준다.

"너희는 스스로 깨끗하게 하여 거룩할지어다. 나는 너희의 하나님 여호와이니라. 너희는 내 규례를 지켜 행하라. 나는 너희를 거룩하게 하는 여호와이니라"(레 20:7-8).

여기서 우리는 자신을 거룩하게 성화하라는 이야기를 듣는데, 그다음에 등장하는 말씀에 따르면 우리를 거룩하게 성화하는 분은 바로 여호와 하나님이심을 깨닫게 된다. 하나님은 그분 자신에게 봉사하라고 우리를 성별하지 않으신다. 우리는 그런 고차원적인 의미에서 우리 자신을 거룩하게 성화하지 않는다. 여기서 성화에는 이중적인 의미가 포함되어 있는데, 그것은 항상 우리가 마음에 새겨두어야 할 구분이다.

성별은 성도의 지적이고 자발적인 행위인데, 이와 같은 행위는 기도의 직접적인 결과이다. 기도하지 않는 사람이 온전한 성별에 관한 생각을 품은 적은 없다. 기도하지 않는 것과 성별은 전혀 공통점이 없다. 기도생활은 자연스럽게 온전한 성별로 나아가게 된다. 기도는 다른 어디로도 인도하지 않는다. 사실상 기도하는 삶은 자신을 하나님께 전적으로 드리는 것 이외에는 다른 어떤 데서도 만족하지 않는다. 성별은 우리에 대한 하나님의 소유권을 전적으로 인정한다. 성별된 삶은 사도 바울이 제안하는 진리에 기꺼이 동의한다.

"너희 몸은 너희가 하나님께로부터 받은 바 너희 가운데 계신 성령의 전인 줄을 알지 못하느냐. 너희는 너희 자신의 것이 아니라 값으로 산 것이 되었으니 그런즉 너희 몸으로 하나님께 영광을 돌리라"(고전 6:19-20).

그러니까 진실한 기도는 이와 같은 길로 인도한다. 도저히 어떤 다른 목적지에 도달할 수가 없다. 참된 기도는 반드시 이 정류장으로 달려갈 수밖에 없다. 이것이 바로 기도를 통해 두드러지게 나타나는 그런 종류의 일이다. 기도는 성별된 사람들을 만든다. 기도는 다른 어떤 종류의 사람들을 만들어낼 수가 없다. 기도는 바로 이 결말로 몰아간다. 기도는 바로 이와 같은 목적을 향해 달려간다.

기도가 온전한 성별로 우리를 데려다주는 것과 마찬가지로 기도는 성별된 삶이 우리 가운데 완전히 스며들게 만든다. 기도생활과 성별된 삶은 서로 친밀한 길벗이다. 이 둘은 서로 떨어질 수 없는 샴쌍둥이나 마찬가지다. 기도는 성별된 삶의 모든 국면으로 파고들어 간다. 성별을 주장하면서도 기도하지 않는 삶은 거짓되고 날조된 부적절한 표현이다.

성별은 실제로 자신을 기도생활에 따로 떼어놓는 것이다. 성별은 단지 기도하는 것을 의미할 뿐만 아니라 습관적으로 기도하며, 더욱 효과적으로 기도하는 것을 의미한다. 자신의 기도를 통해 가장 많은 것을 성취하는 사람이 바로 성별된 사람이다. 하나님은 그분에게 전적으로 자신을 내주는 사람의 음성에 귀를 기울이신다. 하나님은 자신에 대한 모든 주장을 포기해온 사람, 그리고 하나님과 그분을 섬기는 일에 자신을 완전히 헌신한 사람의 기도 요청을 거절하지 않으신다.

성별된 사람의 이와 같은 행위는 그 자신에게 하나님과 더불어 '기도하는 토대와 간구하는 말들' 을 제공한다. 그것은 기도하는 가운데 그 사람을 하나님의 손길이 닿는 범위 안에 놓아둔다. 그것은 하나님을 단단히 붙잡을 수 있는 곳으로, 다른 방법으로는 할 수 없는 일들을 하기 위해 하나님께 영향력을 미칠 수 있는 곳으로 그 사람을 데려다놓는다. 성별은 기도에 대한 응답을 가져온다. 하나님은 성별된 사람을 의지하신다. 하나님은 그분에게 전적으로 헌신한 사람의 기도 중에 그분 자신을 헌신하신다. 하나님께 모든 것을 드리는 사람은 하나님으로부터 모든 것을 얻을 것이다. 하나님께 모든 것을 내드림으로써 그 사람은 하나님이 예비해두신 모든 것을 달라고 주장할 수 있다.

기도가 온전한 성별의 조건인 것과 마찬가지로, 또한 기도는 하나님께 전적으로 헌신한 사람의 습관이자 규칙이다. 기도는 성별된 삶 가운데 가지런히 자리를 잡는다. 기도는 그러한 삶 속에서 전혀 이상한 게 아니다. 기도와 성별 사이에는 독특한 유사성이 존재한다. 왜냐하면 둘 다 하나님을 인정하고, 하나님께 순복하고, 하나님 안에 목표와 최종 목적지가 있기 때문이다. 기도는 성별된 삶의 일부분이자 한 꾸러미이다. 기도는 성별의 한결같은, 서로 떨어질 수 없는 친밀한 길벗이다. 이 둘은 서로 동행하고 대화한다.

오늘날 성별에 관한 이야기가 상당히 많이 오가고 있으며, 흔히 성별(consecration)의 철자도 제대로 모르는 사람들을 '성별되었다'고 부르기도 한다. 대다수 현대적인 성별은 성경적인 기준에 훨씬 못 미친다. 실제로 거기에는 진정한 성별이 없다. 아무런 실제적인 기도 없는 기도가 상당히 많은 것과 마찬가지로 거기에 아무런 실제적인 성별이 없으면서도 오늘날 교회에서 흔히 통용되는 성별 역시 상당히 많다. 피상적이고 형식적으로 고백하는 사람들에게 칭찬과 박수갈채를 아끼지 않는 교회에서는 성별을 위해 매우 많은 일을 벌이지만 그것이 거의 다 제대로 갈피를 못 잡고 있다는 게 문제이다. 부리나케 서둘러서 이리저리 전후좌우로 부지런히 뛰어다니면서 화려한 축제 분위기를 내느라 호들갑을 떨기도 하고, 이런저런 많은 일을 해내느라 분주히 움직이기는 하는데, 이런 식으로 바쁘게 뛰어다니는 사람들이 안타깝게도 성별된 신자들이라고 불리게 된다.

이 모든 그릇된 성별에 내재된 중심적인 문제는 바로 거기에 기도가 전혀 없다는 것이며, 또한 그게 어떤 의미에서 기도의 직접적인 결과가 아니라는 것이다. 사람들은 교회에서 칭찬받을 만한 수많은 일을 탁월하게 해낼 수 있으면서도 성별의 삶에는 철저한 이방인이 될 수 있다. 마치 그 사람들이 많은 일을 하면서도 전혀 기도하지 않을 수 있는 것과 마찬가지로 말이다.

바로 여기에 성별의 진정한 시험이 있는 것이다. 성별은 기도의 삶이다. 기도가 두드러지지 않는다면, 기도가 앞서지 않는다면 그 성별은 기만적으로 그릇되고 거짓되게 이름 붙여진 것이다. 그 사람은 기도하는가? 이것이 바로 시험 잣대이다. 소위 성별된 사람이라는 모든 신자를 향한 질문은 과연 그 사람이 기도의 사람인가이다. 기도가 없다면 어떤 성별도 생각할 만한 가치가 없다. 그렇다. 좀 더 덧붙여서 말하자면 기도의 삶이 두드러지고 일차적이지 않다는 뜻이다.

하나님은 성별된 사람들을 원하신다. 왜냐하면 그 사람들은 기도할 수 있을 뿐만 아니라 기도할 것이기 때문이다. 하나님은 기도하는 사람을 사용하실 수 있기 때문에 성별된 사람 역시 얼마든지 사용하실 수 있다. 기도하지 않는 사람들이 하나님의 길을 가로막고 하나님을 방해하며, 하나님의 명분이 성공하지 못하도록 훼방하는 것과 마찬가지로 성별되지 않은 사람 역시 하나님께 아무런 소용이 없다. 또한 하나님의 은혜로운 계획이 제대로 수행되지 못하도록 방해하며, 구속 사역에서 하나님의 고상한 목적이 실행되지 못하도록 가로막는다.

하나님은 기도하는 사람을 원하시기에 성별된 사람을 원하신다. 기도는 성별된 사람이 사용하는 연장이다. 성별된 사람들은 기도를 통해 일하는 하나님의 대리자이다. 기도는 성별의 태도를 유지할 수 있도록 성별된 사람을 도와주며, 그 사람이 하나님에 대해 살아 있도록 유지해주며, 부르심을 받은 일을 감당하도록 지원하며, 자기 자신을 드리는 일을 제대로 수행하도록 지지한다. 성별은 효과적인 기도를 도와준다. 성별은 어떤 사람이 기도를 최대한 선용할 수 있게 만든다.

> 지금 우리가 속해 있는 그분에게
> 그분의 주권적인 권리를 주장하도록 하며
> 모든 감사의 노래를 차지하도록 하며
> 모든 사랑 넘치는 마음을 소유하도록 하라.

> 우리를 위하여 자신을 값 주고 사신 그분께서는
> 그분 자신을 위하여 정당하게 우리에게 요구하신다.
> 그리스도인은 오직 그리스도를 위하여 살아야 하며
> 그리스도인은 오직 그리스도를 위하여 죽어야 한다고.

우리는 성별의 가장 중요한 목적이 그 용어의 일반적인 의미에서 말하는 섬김이 아니라는 사실을 강조해야 한다. 적지 않은 사람들의 사고영역 속에서 섬김이란 수많은 형태의 현대적인 교회 활동 가운데 일부 행사에 참여하는 것에 지나지 않는다는 뜻이다. 그러한 활동은 부지기수다. 어떤 사람의 시간과 마음을 사로잡을 만하다. 아니, 충분을 훨씬 더 넘어선다. 이런 일 가운데 일부는 긍정적이지만, 어떤 일은 그다지 긍정적이지 못하다.

오늘날 교회에는 기계적인 체계들, 조직들, 위원회들, 사교 모임들로 가득하다. 그런 것들이 너무 많다 보니 교회에서 가진 역량으로는 그러한 기계적인 체계들을 모두 제대로 운영하기에는 그다지 충분하지 못하며, 이 모든 외적인 활동에 충분한 생명력을 불어넣기에는 매우 역부족이다. 성별에는 단지 이러한 외적인 일들에 모든 것을 쏟아붓는 것보다 훨씬 더 고차원적이고 고상한 목적이 있다.

성별은 올바른 종류의 섬김, 성경적인 종류의 섬김을 목표로 삼는다. 성별은 하나님을 섬기려고 애쓰기는 하지만, 오늘날 교회 지도자와 일꾼들의 마음에 자리 잡은 것과는 전혀 다른 영역에서 그렇게 한다. 누가복음 1장 74~75절에서 놀라운 예언과 진술을 내놓고 있는 세례 요한의 아버지 사가랴가 언급한 첫 번째 종류의 섬김은 바로 이런 것이다. "우리가 원수의 손에서 건지심을 받고 종신토록 주의 앞에서 성결과 의로 두려움이 없이 섬기게 하리라 하셨도다."

여기서 우리는 "종신토록 주의 앞에서 성결과 의로 두려움이 없이 섬긴다"라는 개념을 얻는다. 그런데 이와 같은 종류의 섬김은 세례 요한의 탄생 이전에 그 부모에게 바치는 누가의 강력한 헌사에서도 언급되고 있다. "이 두 사람이 하나님 앞에 의인이니 주의 모든 계명과 규례대로 흠이 없이 행하더라"(눅 1:6).

그리고 바울은 빌립보 교인들에게 편지를 쓰면서 아무 흠 없는 삶을 살도록 강조하면서 그와 같은 요지를 언급하고 있다.

"모든 일을 원망과 시비가 없이 하라. 이는 너희가 흠이 없고 순전하여 어그러지고 거스르는 세대 가운데서 하나님의 흠 없는 자녀로 세상에서 그들 가운데 빛들로 나타내며 생명의 말씀을 밝혀 나의 달음질이 헛되지 아니하고 수고도 헛되지 아니함으로 그리스도의 날에 내가 자랑할 것이 있게 하려 함이라"(빌 2:14-16).

여기서 우리는 오늘날 개인 사역자라고 불리는 사람들로 말미암아 이상하리만치 간과되고 있는 진리를 반드시 언급해야 한다. 바울과 다른 제자들의 서신에서, 흠 없는 삶은 요즘 교회에서 전면으로 두드러지고 있는 교회 활동으로 불리는 것들이 아니라 오히려 개인적인 성결한 삶이다. 그것은 좋은 행동, 의로운 행실, 거룩한 생활, 경건한 대화, 올바른 성질을 비롯하여, 일차적으로 개인적인 신앙생활에 속하는 것들이다. 어디에서나 이것은 강조되어야 하며, 가장 중요한 위치에 두어야 하며, 상당히 중시하여 계속 주장되어야 한다. 신앙은 다른 무엇보다 성도들이 올바른 삶을 살아가게 만든다. 신앙은 삶 속에서 저절로 드러나게 된다. 그러니까 신앙은 그 실체와 진실성과 신성이 고스란히 삶으로 드러나게 되어 있다.

그러므로 우리의 입술과 삶으로
우리가 고백하는 거룩한 복음이 표현되게 하라.
그러므로 우리의 행실과 미덕이

온갖 신성한 교리를 밝히 드러내도록 빛나게 하라.

그런즉 구원이 우리 안에서 다스리고
은혜가 죄의 권세를 완전히 굴복시킬 때
우리는 구세주 하나님의 영광을
가장 널리 선포하게 될 것이다.

성별의 가장 첫 번째 목적은 마음과 삶의 거룩함이다. 성별은 하나님을 영화롭게 하는 것이며, 이것은 모든 죄악을 깨끗이 씻어낸 심령에서 흘러나오는 거룩한 삶을 통해서 더욱더 효과적인 방법으로 이루어진다. 그리스도인이 된 모든 사람을 짓누르는 커다란 마음의 짐이 바로 여기에 자리 잡고 있다. 이것이 바로 모든 그리스도인이 언제나 명심해야 할 것이며, 이와 같은 종류의 삶과 이와 같은 종류의 심령을 더욱 진전시켜 나가야 한다. 이를 위해 모든 은혜의 수단을 활용하면서 모든 부지런함을 동원해야 한다.

진실로 충만하게 성별된 사람은 거룩한 삶을 살게 된다. 그 사람은 심령의 거룩함을 추구하게 된다. 그것이 없이는 만족하지 못하기 때문이다. 바로 이와 같은 목적을 위해 자신을 하나님께 성별하는 것이기 때문이다. 심령과 삶이 거룩해지기 위해서 그 사람은 자기 자신을 하나님께 전적으로 내드려야 한다.

마음과 삶의 거룩함이 철저히 기도로 잉태되는 것과 마찬가지로 성별과 기도는 개인적인 신앙에서 밀접하게 결합된다. 우리 주님께 거룩함으로 가득한 이 같은 성별된 삶으로 누군가를 데려오기 위해서는 기도가 필요하며, 그러한 삶을 유지하기 위해서도 기도가 필요하다. 수많은 기도 없이 그러한 거룩함의 삶은 실패할 수밖에 없다. 거룩한 사람들은 기도하는 사람들이다. 마음과 삶의 거룩함은 사람들이 기도하게 만든다. 성별은 사람들이 간절히 기도하게 만든다.

기도하지 않는 사람들은 심령의 거룩함과 정결함 같은 것에 낯선 사람들이다. 골방에 익숙하지 않은 사람들은 성별과 거룩함에 전혀 관심이 없다. 거룩함은 은밀한 기도 공간에서 번성한다. 기도 골방이라는 환경은 거룩함의 존재와 문화에 매우 유리하고 호의적이다. 거룩함은 골방에서 발견된다. 성별은 누구든 심령의 거룩함으로 나아오게 하며, 그런 일이 벌어질 때 기도가 든든히 받쳐주게 된다.

성별의 영은 기도의 영이다. 성별의 법칙은 기도의 법칙이다. 두 법칙은 조그만 삐걱거림이나 불화도 없이 완벽하게 조화를 이루면서 서로 협력하게 된다. 성별은 진정한 기도의 실제적인 표현이다. 성별된 사람들은 각자 독특한 기도 습관 때문에 널리 알려지게 된다. 그러니까 성별 자체는 기도를 통해서 표현된다. 기도에 관심이 없는 사람은 성별에도 관심이 없다. 기도는 성별에 관심을 두게 한다. 또한 기도는 누구에게나 성별이 기쁨의 주제로서 마음의 즐거움, 영혼의 만족, 영의 충만함을 가져오게 하는 심령의 상태로 나아가게 만든다.

성별된 영은 가장 행복한 영이다. 하나님께 자신을 전적으로 내드린 사람과 하나님의 뜻 사이에는 아무런 갈등이 없다. 그러한 사람의 뜻과 하나님의 뜻 사이에는 완벽한 조화가 자리 잡고 있다. 이 둘은 완벽한 일치를 이루게 될 것이며, 이것은 영혼의 안식을 가져올 것이며, 어떤 갈등도 사라지게 할 것이며, 온전한 평화가 임하게 할 것이다.

은혜의 근원이신 주님이여,
기쁘고 자유로운 마음으로
제 남은 인생 동안 저 자신을
당신께 성별하기 원하나이다.

당신께서 값으로 사신 종인 제가
당신 자신에게로 돌아갑니다.
지금 이 순간부터 살든지 죽든지
오직 저의 하나님만을 섬기겠나이다.

점점 더 많이 기도할수록 신앙에 관한 선한 기준은 더 명확해진다.

:
:

기도는 온전한
신앙 기준을
세워준다

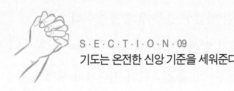

S·E·C·T·I·O·N·09
기도는 온전한 신앙 기준을 세워준다

상당히 흔하게 나타나는 신앙의 연약함, 무기력함, 결핍 현상은 결국 성경적이고 합리적인 신앙 기준을 갖지 못한 데서 비롯된다. 또한 그로 말미암아 올바른 성품을 형성하거나 바람직한 결과를 기대하지 못하게 만들며, 이는 주로 기도를 건너뛰거나 우리의 신앙 기준에 기도를 포함하지 않은 데서 비롯된다. 만약 우리에게 명확하게 바라보면서 나아가야 할 지향점이 없다면 우리는 신앙에서 어떤 성장도 이루어낼 가능성이 전혀 없다.

우리 마음의 눈앞에는 우리가 목표로 삼아서 달려가고 있는 명확한 무언가가 항상 있어야 한다. 우리에게 본보기로 삼을 만한 어떤 양식이 없다면 우리는 맵시 있는 모양새와 볼품없는 모양새의 차이를 서로 비교할 수 없을 것이다. 또한 우리를 격려하는 어떤 고상한 목적이 없다면 우리에게 아무런 영감도 있을 수 없을 것이다.

수많은 그리스도인이 자기 앞에 행실과 성품을 본받아야 할 아무런 사례가 없어서 일관성이나 방향성도 없이 이리저리 헤매게 된다. 그 사람들은 그냥 아무런 목적 없이 방황하며, 마음은 잔뜩 흐린 상태이다. 또한 아무런 본보기도 보이지 않으며, 어떤 지점도 눈에 들어오지 않고, 열심히 추구해야 할 별다른 기준도 없다. 그 사람들의 노력에 가치를 부여하고 평가할 만한 아무런 기준도 없다. 그 사람들의 눈을 채워주고, 발걸음을 재촉하며, 그 사람들을 끌어들여서 꾸준히 계속해서 걸어가게 만드는 아무런 매력적인 요소도 없다.

신앙에 대해 이처럼 온갖 막연한 개념을 갖게 되는 것은 바로 기도에 관한 느슨한 관념으로부터 자라난다. 분명하고 명확한 신앙 기준을 세워가도록 도와주는 것이 바로 기도이다. 그 기준을 높이 세울 수 있도록 도와주는 것이 바로 기도이다. 기도하는 사람들은 명확하게 바라보는 무엇인가를 마음속에 간직한 사람들이다. 사실상 기도 자체가 매우 확실한 일이고, 아주 구체적인 것을 목표로 삼는 것이며, 정확하게 조준하는 과녁이 있다. 기도는 가장 확실한 것, 가장 고차원적이고 달콤한 신앙 체험을 목표로 삼는다.

기도하는 사람들은 하나님이 자신들을 위해 쌓아두신 모든 것을 간절히 소망한다. 그 사람들은 피상적이고 막연하며 불확실하고 볼품없는 신앙생활 같은 것에 결코 만족하지 못한다. 기도하는 사람들은 '깊은 은혜에 관한 일'을 추구할 뿐만 아니라 가능한 한 동시에 이미 약속된 가장 깊은 은혜에 관한 일을 소망한다. 그들은 단지 어떤 죄악에서 구원받는 것만을 추구하는 게 아니라 자기 안팎의 모든 죄에서 구원받는 것을 추구한다. 그들은 단지 죄를 짓는 데서 벗어나는 것을 추구할 뿐만 아니라 죄 자체, 죄의 존재, 죄의 권세, 죄의 유혹으로부터 완전히 벗어나는 것을 추구한다. 그들은 마음과 삶의 거룩함을 추구한다.

기도는 하나님의 말씀을 통해 우리 앞에 제시된 가장 고차원적인 신앙생활을 믿고 추구한다. 기도는 그와 같은 삶을 살아가기 위한 전제 조건이다. 기도는 그와 같은 삶으로 나아가는 유일한 경로를 지시한다. 믿음의 삶을 살아가기 위한 기준은 바로 기도의 기준이다. 기도는 너무나 필수적이고 본질적이며 광범위하게 영향을 미치는 나머지, 모든 신앙 속으로 파고들어 가 우리의 눈앞에 명확하고 확실한 기준을 제시한다. 우리가 기도를 어느 정도로 평가하느냐에 따라 신앙생활에 대한 우리의 기준도 설정된다. 성경적인 신앙의 기준은 바로 기도의 기준이다. 우리 삶에서 점점 더 많이 기도하면 할수록 신앙에 대한 개념이 더욱 확실해지고 고상해진다.

오직 성경만이 우리 삶과 체험의 기준을 제공한다. 우리가 자기 자신의 기준을 제시할 때 우리의 소욕, 편의성, 쾌락이 법칙으로 자리 잡게 되는 망상과 허위가 존재할 수밖에 없는데, 그것은 항상 육신적이고 천박한 법칙일 뿐이다. 거기에서부터 그리스도를 닮아가는 신앙의 온갖 근본적인 원칙들을 내팽개치게 된다. 육신에 자양분을 공급하는 신앙의 기준은 무엇이든 비성경적이고 해로울 따름이다.

또한 우리에게 신앙 기준으로 확립된 것이라고 해서 다른 사람들에게도 그대로 적용되지는 않는다. 다른 사람이 우리의 신앙 기준을 따라 하도록 그냥 내버려 둘 때 그렇게 무작정 따라 하는 과정에서 장점이나 미덕보다는 결점이 훨씬 더 쉽게 그 모방자에게 전달될 수 있다. 그러다 보니 일반적으로 그 모방자는 굉장한 약점을 지니게 되고, 모방하여 나온 두 번째 복사판은 그러한 결점으로 말미암아 온전치 못한 신앙으로 전락하고 만다.

신앙이 무엇인지에 관해 단지 이런 식으로 다른 사람들의 말을 통해 전달되는 과정에서 나타나는 가장 심각한 해악은 자신의 신앙적인 견해와 성품을 형성하기 위해 교회의 여론, 오염된 본보기, 교인들 사이에 유행하는 신앙 수준을 아무 생각 없이 무작정 받아들인다는 데 있다. 이에 관해 미국 최초의 해외 파송 선교사였던 아도니람 저드슨은 그의 친구에게 이렇게 말했다. "지금 너무나 만연해 있는 진부한 신앙에 만족해하지 않기를 간청하는 바일세."

진부한 신앙이란 우리의 혈과 육을 기쁘게 하는 것이다. 거기에는 자기 부인이 없으며, 십자가를 지는 일도 없고, 자아를 십자가에 못 박는 신앙도 없다. 이것은 단지 우리 이웃들을 만족시키는 수준에 머무르게 된다. 그런데 우리는 왜 굳이 톡톡 튀면서 그렇게 까다롭게 굴어야 한단 말인가? 다른 사람들은 그냥 낮은 수준에서, 적당히 타협하면서, 세상이 흘러가는 대로 살아가고 있다. 그런데 왜 우리는 그렇게 유별나게 굴면서 선한 행실에 대해 그렇게 극성스러워져야 한단 말인가? 그토록 많은 사람이 '안락한 꽃밭'을 거닐고 있는데, 왜 우리는 천국에 들어가기 위해 그토록 치열하게 싸워야 한단 말인가? 태평스럽고 부주의하게 한가로이 노니는 수많은 사람조차 기도 없는 삶을 살아가면서도 유유히 천국에 들어가고 있지 않은가? 천국은 기도하지 않고 느슨한 삶을 살면서 안락함을 즐기는 사람들에게 적합한 곳이 아니던가? 이것은 아마도 매우 크고 중요한 질문들일 것이다.

사도 바울은 행복하고 즐거운 것만을 추구하는 종교적인 무리로 우리 자신을 전락시키는 것이 우리를 판단하는 기준의 전부로 만드는 데 대해 다음과 같이 경고한다.

"우리는 자기를 칭찬하는 어떤 자와 더불어 감히 짝하며 비교할 수 없노라. 그러나 그들이 자기로써 자기를 헤아리고 자기로써 자기를 비교하니 지혜가 없도다. 그러나 우리는 분수 이상의 자랑을 하지 않고 오직 하나님이 우리에게 나누어주신 그 범위의 한계를 따라 하노니 곧 너희에게까지 이른 것이라. 우리가 너희에게 미치지 못할 자로서 스스로 지나쳐 나아간 것이 아니요 그리스도의 복음으로 너희에게까지 이른 것이라. 우리는 남의 수고를 가지고 분수 이상의 자랑을 하는 것이 아니라 오직 너희 믿음이 자랄수록 우리의 규범을 따라 너희 가운데서 더욱 풍성하여지기를 바라노라. 이는 남의 규범으로 이루어 놓은 것으로 자랑하지 아니하고 너희 지역을 넘어 복음을 전하려 함이라. 자랑하는 자는 주 안에서 자랑할지니라. 옳다 인정함을 받는 자는 자기를 칭찬하는 자가 아니요 오직 주께서 칭찬하시는 자니라"(고후 10:12-18).

신앙에 대한 어떤 기준이 기도를 전혀 고려하지 않는다면 그것은 단 한 순간이라도 생각할 가치가 없다. 어떤 기준이 기도를 신앙의 주요 요소로 제시하지 않는다면 그것은 조금도 판단할 가치가 없다. 기도는 하나님의 계획에서 너무나 필연적이고 근본적이라서 신앙생활과 관련된 모든 일에 굉장히 중요하다. 그렇기에 기도는 온갖 성경적인 신앙과 관련을 맺게 된다. 기도 자체가 바로 확실하고 단호하며 성경적인 기준이다. 기도생활은 신적인 법칙이다. 기도의 사람인 예수님이 바로 우리가 본받아야 할 하나의 모범인 것과 마찬가지로 이것은 바로 우리가 따라야 할 모범이다. 이처럼 기도는 신앙생활의 본보기를 만들어내는 척도이며 그 삶을 빚어낸다.

신앙에 관해 모호하고 불확실한 관점에는 기도가 들어 있지 않다. 그러한 신앙 프로그램에서 기도는 아주 배제되거나 너무나 수준 낮게 취급되어 유명무실해진 나머지 거의 언급할 가치조차 없어지게 된다. 신앙에 관한 인간적인 기준에는 기도가 전혀 포함되어 있지 않다. 우리가 목표로 삼는 것은 인간의 기준이 아니라 하나님의 기준이다. 그것은 사람들의 견해, 사람들이 떠드는 말이 아니라 성경이 말씀하는 기준이다.

신앙에 관한 느슨한 기준은 기도에 관한 시시한 개념에서 자라난다. 기도하지 않는 삶은 신앙의 정의에 대해 느슨하고 흐릿하며 불확실한 관점을 낳는다. 목적 없는 삶과 기도하지 않는 삶은 나란히 함께 간다. 반면 기도는 무엇이든 확실하게 마음에 새겨두게 만든다. 기도는 구체적인 것을 추구한다. 기도의 성격과 필요성에 관해 우리의 관점이 점점 더 확실해질수록 그리스도인의 체험과 올바른 삶에 대한 우리의 관점이 점점 더 분명해진다. 신앙에 관한 시시한 기준은 기도에 대한 시시한 기준으로 말미암아 어렵사리 겨우 생명력을 유지할 뿐이다. 신앙생활에서 모든 것은 얼마나 확실하게 서 있느냐에 달려 있다. 우리의 신앙 체험과 우리 삶의 확실성은 신앙의 정의와 그 구성 요소에 대한 확실성에 달려 있다.

성경은 언제나 우리에게 온전히 자신을 성별시키라는 단 한 가지 기준만을 제시한다. 이것이 바로 신적인 법칙이다. 이것이 바로 이 기준에 대한 인간적인 측면이다. 하나님이 받으실만한 희생제사는 온전한 것으로써 완전히 모든 것을 다 드리는 번제여야 한다. 이것이 바로 하나님의 말씀에서 제시하는 척도이다. 다름 아닌 바로 이것이야말로 하나님을 기쁘게 할 수 있다. 내키지 않는 마음으로 드리는 어떤 것도 하나님을 기쁘게 할 수 없다. 모든 부분에서 거룩하고 온전한 '살아 있는 제사'야말로 하나님께 드리는 우리의 섬김에 대한 척도이다. 자신을 아주 포기하는 것, 우리에 대한 하나님의 권리를 자유롭게 인식하는 것, 하나님께 모든 것을 진심으로 드리는 것, 이것이야말로 하나님이 요구하시는 것이다. 거기에는 아무것도 불확실하지 않다. 거기에는 다른 사람들의 견해에 지배당하거나 다른 사람들이 살아가는 방식이 우리에게 전혀 영향을 미치지 못한다.

그리고 기도생활이 온전한 성별을 통해 충분히 받아들여지는 동안에는, 그와 동시에 온전한 성별이 하나님께 드려지는 지점까지 우리의 기도 역시 나아가게 된다. 성별은 단지 기도의 조용한 표현일 뿐이다. 또한 가장 높은 신앙 기준은 하나님께 드리는 기도와 자기 헌신의 척도이다. 기도생활과 성별된 삶은 신앙에서 서로 동반자이다. 이 둘은 너무나 밀접하게 결합되어 있어서 결코 떨어질 수 없다. 기도생활은 하나님께 드리는 온전한 성별의 직접적인 열매이다. 기도는 진정으로 성별된 삶이 자연스럽게 흘러나오는 것이다.

성별의 척도는 진정한 기도의 척도이다. 모든 부분에서 온전하지 못한 어떤 성별도 하나님을 기쁘게 하지 못한다. 그것이 '온전한 번제'가 아니라면 어떤 유대인의 번제도 하나님이 기쁘게 받으신 적이 없는 것과 마찬가지다. 이와 같은 신적인 척도를 따르는 이런 종류의 성별에는 기도하는 일이 기본적인 원칙으로 포함되어 있다. 성별은 하나님께 드려지는 것이다. 기도는 하나님과 관계를 맺는 것이다. 성별은 자신을 완전히 하나님의 처분에 맡겨드리는 것이다. 그런데 하나님은 모든 성별된 사람들에게 "기도하는 사람이 되라"고 명하시며, 그렇게 되기를 원하신다. 이것이 바로 우리가 목표로 삼아야 하는 명확한 기준이다. 우리는 이보다 더 낮은 기준을 추구해서는 안 된다.

신앙에 대한 성경적인 기준은 명확한 신앙 체험을 포함하고 있다. 신앙에 체험이 없다면 아무것도 아니다. 신앙은 내적인 양심에 호소한다. 우리의 신앙에 뭔가를 더해야 한다면 그것은 바로 체험이며, 신앙생활에 더해지는 체험이다. 신앙에는 외적인 부분뿐만 아니라 내적인 부분이 존재한다. 우리는 "항상 복종하여 두렵고 떨림으로 너희 구원을 이루라"(빌 2:12)는 말씀에 순종해야 할 뿐만 아니라 "너희 안에서 행하시는 이는 하나님이시니 자기의 기쁘신 뜻을 위하여 너희에게 소원을 두고 행하게 하시나니"(빌 2:13)라는 말씀도 명심해야 한다. 밖으로 드러나는 삶을 살아내야 할 뿐만 아니라 "너희 안에서 착한 일을 시작하신 이가 그리스도 예수의 날까지 이루실 줄을 우리는 확신하노라"(빌 1:6)는 말씀과 같은 영역도 분명히 있다.

중생은 명백한 그리스도인의 체험으로서 절대적으로 확실한 표지를 통해 증명되는 동시에 내적인 양심에 호소하는 것이다. 성령의 증거는 불확실하거나 모호한 것이 아니라 우리가 하나님의 자녀라는 사실을 성령님이 허락하시는 확실하고 명백한 내면의 확신이다. 사실상 신앙적인 경험에 속해 있는 모든 것은 명백하고 확실하여 의식적인 기쁨, 평화, 사랑을 가져다준다. 그러니까 이것이 바로 신앙에 대한 신적인 기준이며, 한결같은 간절한 기도를 통해 얻을 수 있는 기준이며, 기도와 같은 수단을 통해 계속해서 살아 있는 동시에 확장되는 신앙적인 경험이다.

우리가 도달해야 할 목표, 모든 노력을 통해 지향해야 할 목표는 거기에 연합, 정력, 끈기를 쏟아붓기 위한 모든 추구에서 매우 중요하다. 그리스도인의 삶에서도 그러한 목표는 매우 중요하다. 우리 앞에 도달해야 할 높은 기준이 없다면, 우리가 간절히 추구하는 목표가 없다면 무기력함이 우리의 노력을 불안하게 만들 것이다. 그리고 과거의 경험이 단순한 감상으로 전락하거나 날아가 버리거나, 냉랭하고 사랑 없는 원칙으로 굳어지게 될 것이다.

우리는 계속해서 앞으로 나아가야 한다.

"그러므로 우리가 그리스도의 도의 초보를 버리고 죽은 행실을 회개함과 하나님께 대한 신앙과 세례들과 안수와 죽은 자의 부활과 영원한 심판에 관한 교훈의 터를 다시 닦지 말고 완전한 데로 나아갈지니라. 하나님께서 허락하시면 우리가 이것을 하리라"(히 6:1-3).

우리가 차지하고 있는 현재의 기초는 계속해서 전진함으로써 더욱 단단히 붙잡아야 하고, 모든 미래는 그 기초 위에서 맞이해야 하며 환하게 밝아져야 한다.

신앙에서 우리는 무작정 앞으로 나아가서는 안 된다. 먼저 우리는 어디로 가고 있는지를 알아야 한다. 이것은 매우 중요하다. 신앙적인 체험으로 계속해서 나아가는 과정에서 우리 마음속에 확실하게 자리 잡은 게 존재하며, 바로 그 하나의 목표 지점을 향해 열심히 전진하는 것은 매우 본질적인 일이다. 그냥 계속해서 앞으로 나아가면서도 우리가 지향하고 있는 곳을 알지 못하는 것은 너무나 애매모호하고 불확실하여, 마음속에 아무런 목적지도 정해두지 않고 여행을 떠나는 사람이나 마찬가지다. 신앙생활에서 출발점이 어디인지에 관한 시선을 놓치지 않는 것과 우리가 이미 지금까지 걸어온 발걸음을 넉넉히 헤아리는 것도 매우 중요하다. 그러나 그 목표를 계속해서 마음속에 품고 있는 것과 그 기준에 도달하기 위해서 필요한 단계를 항상 시야에 넣어두고 있는 것도 그와 마찬가지로 필요하다.

기도는 하나님에게 우리의 일을 간섭하시도록 움직이는 도구이다.

S·e·c·t·i·o·n·10

:
:

기도는
하나님을
움직이게 한다

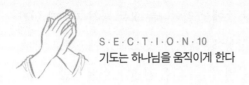

S·E·C·T·I·O·N·10
기도는 하나님을 움직이게 한다

기도는 광범위하게 영향력을 미치고, 전 세계적으로 효과를 나타낸
다. 기도는 모든 사람에게 영향을 미치고, 가는 곳마다, 하는 일마다
두루 영향을 미친다. 기도는 시간과 영원에 대한 인간의 관심을 다
룬다. 기도는 하나님을 단단히 붙잡는 것이며, 하나님이 이 땅의 일
에 간섭하시도록 움직이게 만든다. 기도는 천사들을 움직여 이생에
서 사람들을 섬기도록 만든다. 기도는 사람들을 멸망시키려는 사탄
의 계략을 저지하고 물리친다. 기도는 어디든지 다다르고 모든 일에
손을 내뻗는다. 기도에는 보편성이 있다.

기도 자체와 기도의 효력에 관해 이야기할 때 우리는 보편적인 용어
를 사용해야 한다. 기도를 삶에 적용하고 유익을 얻는 것은 개별적
인 일이지만, 그와 동시에 기도의 선한 영향력은 일반적이고 전 세

계적이다. 기도는 우리 삶 속에서 일어나는 모든 사건 가운데 인간을 축복하고, 온갖 비상 상황에서 인간에게 도움을 제공하고, 무슨 어려움을 당하든지 간에 우리에게 위안을 건넨다. 어떤 사람이 아직 기도로 나아가라는 구체적인 부르심을 전혀 경험하지 못했을지라도 기도는 항상 조력자, 위로자, 안내자로서 우리 곁에 존재한다.

우리가 기도의 보편성이라고 말할 때 거기에는 수많은 다양한 측면이 있음을 발견하게 된다. 우선 모든 사람이 기도할 의무가 있다는 것이다. 기도는 모든 사람을 위해 의도된 것이다. 왜냐하면 모든 사람에게는 하나님이 필요하고, 하나님이 갖고 계신 것이 절실히 필요하기 때문이다. 그리고 오직 기도로만 안전하게 확보할 수 있는 것이 누구에게나 존재하기 때문이다. 사람들은 어디에서나 기도하라고 부르심을 받은 까닭에 모든 사람은 기도해야 한다. 사람들은 기도하라는 명령을 받았을 때 보편적인 용어를 사용하는 한편 용서, 자비, 도움을 베풀어 달라고 하나님께 부르짖는 모든 사람에게는 보편적인 용어로 이루어진 그분의 약속이 존재한다.

"네가 만일 네 입으로 예수를 주로 시인하며 또 하나님께서 그를 죽은 자 가운데서 살리신 것을 네 마음에 믿으면 구원을 받으리라. 사람이 마음으로 믿어 의에 이르고 입으로 시인하여 구원에 이르느니라. 성경에 이르되 누구든지 그를 믿는 자는 부끄러움을 당하지 아니하리라 하니 유대인이나 헬라인이나 차별이 없음이라. 한 분이신 주께서 모든 사람의 주가 되사 그를 부르는 모든 사람에게 부요하시도다. 누구든지 주의 이름을 부르는 자는 구원을 받으리라"(롬 10:9-13).

모든 사람이 처해 있는 죄의 상태에는 별 차이가 없으며, 유일하게 자신을 축복하실 수 있는 하나님의 구원하시는 은혜가 모든 사람에게 절실히 필요한 동시에, 이 구원하시는 은혜는 오직 기도 응답으로만 받을 수 있기에 모든 사람은 바로 그러한 필요 때문에 기도로 부름을 받는다.

성경에서 아무런 제한 없이 어떤 명령을 내릴 때는 거기에 보편적인 구속력이 있다는 것이 일반적인 성경 해석의 법칙이다. 그러니까 이사야서에 등장하는 하나님의 말씀은 매우 적절하고 간단명료하다.

"너희는 여호와를 만날 만한 때에 찾으라. 가까이 계실 때에 그를 부르라. 악인은 그의 길을, 불의한 자는 그의 생각을 버리고 여호와께로 돌아오라. 그리하면 그가 긍휼히 여기시리라. 우리 하나님께로 돌아오라. 그가 너그럽게 용서하시리라. 이는 내 생각이 너희의 생각과 다르며 내 길은 너희의 길과 다름이니라. 여호와의 말씀이니라. 이는 하늘이 땅보다 높음같이 내 길은 너희의 길보다 높으며 내 생각은 너희의 생각보다 높음이니라"(사 55:6-9).

악이 보편적으로 두루 퍼져 있으며, 모든 사람이 용서받아야 하는 것과 마찬가지로 모든 사람은 하나님을 찾을 수 있을 만한 때에 하나님을 찾아야 하고, 하나님이 가까이 계실 때 하나님을 불러야 한다. 기도는 모든 사람에게 속해 있는데, 그 이유는 모든 사람이 그리스도 안에서 구속되어야 하기 때문이다. 기도하는 것이 모든 사람에게 커다란 특권이기는 하지만, 하나님을 부르는 것 또한 모든 사람에게 커다란 의무이기도 하다. 어떤 죄인도 하나님의 보좌로부터 차단되어 있지 않다. 모든 사람이 온갖 자기 소원과 고민, 죄와 멍에를 가지고 은혜의 보좌에 나아가는 것은 크게 환영받을 일이다.

온 세상이여, 오라. 너희 죄인들도 오라.
그리스도 안에서 만물이 이제 준비되었도다.

가엾은 죄인이 하나님께로 눈길을 돌릴 때마다 그 사람이 어디에 있든지, 그 사람의 죗값과 죄스러움이 얼마나 크든지 상관없이 하나님의 눈이 항상 그 사람을 향해 있을 뿐만 아니라 하나님의 귀가 항상 그 사람의 기도에 열려 있다. 그러므로 우리는 언제 어디서나 기도할 수 있다. 하나님은 어떤 상황과 환경 속에서도 언제나 가까이 계신다.

"그러므로 각처에서 남자들이 분노와 다툼이 없이 거룩한 손을 들어 기도하기를 원하노라"(딤전 2:8).

이 땅에서 어떤 지역도 하나님과 너무 멀리 떨어져서 하늘에 닿지 못할 곳은 없다. 어떤 장소도 너무 멀리 떨어져 있는 까닭에 하나님을 바라면서 그분의 얼굴을 구하는 사람을 제대로 볼 수 없거나 이야기를 들을 수 없는 곳은 없다. 미국의 작곡가 올리버 홀덴은 이러한 노랫말로 하나님을 찬송하고 있다.

내 영혼이 온갖 곤경에 처해 있을 바로 그때
네 하나님 아버지께로 나아와 기다려라.
그분은 모든 기도에 응답하실 것이다.
하나님은 어디서나 존재하시기 때문이다.

누구든 어디서나 기도할 수 있기 위해서는 최소한 이와 같은 생각의 변화가 있어야 한다. 어떤 장소들은 거기서 악한 일들이 계속해서 벌어지고 있어서, 또는 거기에 속한 환경 자체가 제자리를 벗어나거나, 그 일을 직접 수행하거나, 그 일을 지지하는 사람들의 성품이 도덕적으로 벗어났기에 기도로 준비되어 있지 않은 곳이기도 하다. 술집, 오페라극장, 카드 게임용 탁자, 이상한 무도회, 그리고 세상의 유흥을 즐기려는 이와 유사한 다른 여러 장소가 모두 이 목록에 포함된다. 기도는 아무도 기도하는 곳이라고 간주하지 않을 만한 장소에는 전혀 어울리지 않는다. 그러한 장소의 소유주나 지지자들에게 기도는 오히려 훼방을 놓는 천덕꾸러기가 될 뿐이다.

우리가 어디에서나 기도한다고 해서 기도하기에 부적정한 곳은 드나들지 않는다는 의미가 아니다. 그곳 또한 기도의 영으로 채울 수 있다. 그보다 우리는 특별히 기도가 환영받는 그러한 장소로 기꺼이 나아가야 하며, 기도가 은혜로운 환대를 받는 곳으로 기꺼이 나아가야 한다. 어디에서나 기도한다는 것은 우리의 일터에서, 사람들과 교제하는 가운데, 그리고 온갖 집안일이 이루어지는 가정이라는 사적인 공간에서 기도의 영을 지켜나간다는 뜻이다.

흔히 '주기도문'이라고 친숙하게 부르는 우리 주님의 모범적인 기도는 곧 보편적인 기도이다. 왜냐하면 그 기도는 특별히 모든 시대의 필요에 따른 모든 상황 가운데 처한 곳곳에 있는 모든 사람에게 유용하기 때문이다. 어느 시대에서나 열방에 흩어져 있는 모든 사람의 입에서 주기도문을 충분히 읊조릴 수 있다. 이것은 어떤 수정이나 변경할 필요 없이 모든 사람과 열방에서 얼마든지 사용할 수 있는 기도의 전형이다.

이에 더하여 기도는 모든 사람을 기도 제목으로 올려놓을 수 있는 보편적인 적용점이 있다. 어디에 있는 사람이든 상관없이 모든 사람이 기도의 대상이 될 수 있다. 아담의 타락한 인류는 모두 기도에 포함되어야 하는데, 그 이유는 모든 사람이 아담 안에서 타락하였으나 예수 그리스도 안에서 구속되었기 때문이다. 그리고 모든 사람이 인류를 위한 기도로 말미암아 오히려 자신도 유익을 얻기 때문이다. 이것이 바로 디모데전서 2장에서 사도 바울이 가르치는 기도의 원칙이다.

"그러므로 내가 첫째로 권하노니 모든 사람을 위하여 간구와 기도와 도고와 감사를 하되…. 하나님은 모든 사람이 구원을 받으며 진리를 아는 데에 이르기를 원하시느니라"(딤전 2:1,4).

그러므로 우리가 기도를 통해 모든 사람에게 다가가고, 그 사람들을 기꺼이 끌어안아야 하는 데는 강력한 성경적인 근거가 있다. 우리는 모든 사람을 위해서 기도하라는 명령을 받았을 뿐만 아니라 그리스도께서 친히 모든 사람을 위한 몸값으로 자신을 내주셨기 때문이다. 그리고 지금 모든 사람이 그리스도의 대속적인 죽음에 따른 조건부 유익을 누리고 있기 때문이다. 이처럼 기도에는 우리의 관심을 끄는 모든 것을 기도의 대상으로 삼아야 한다는 보편적인 측면이 존재한다.

그러나 이와 같은 기도의 양상들을 심사숙고하기 전에 가만히 멈춰 서서 다시 한번 모든 사람을 위한 보편적인 기도에 주목해보기를 바란다. 특별히 기도의 대상으로 삼아야 할 부류로서 우리는 국가를 통치하거나 교회를 다스리는 지도자들을 언급할 수 있다. 기도는 강력한 잠재력을 지니고 있다. 기도는 좋은 통치자를 만들고, 그 사람들을 더 나은 통치자로 만들 수 있다. 기도는 무법자와 독재자들을 제지한다. 그런 사람들이라고 해서 우리 기도의 영역과 통제 밖에 있는 게 아니다. 그 사람들도 하나님의 영역 안에 있고, 하나님의 통제 안에 있다. 사도 바울이 디모데에게 권위자들을 위해 기도할 것을 촉구하는 편지를 썼을 때는 사악한 네로 황제가 로마의 왕좌에 앉아 있을 때였다.

그리스도인들의 입술은 의롭고 인자한 위정자와 군왕들을 위해 기도할 뿐만 아니라 사악하고 악명 높은 통치자들을 위해서도 항상 열려 있어야 한다. 기도는 모든 사람을 위하여, 곧 전 인류만큼이나 광범위한 영역을 대상으로 삼아야 한다. 우리는 기도할 때 모든 인류를 우리 마음의 짐으로 짊어져야 하며, 은혜의 보좌로 나아가는 과정에서 모든 사람이 우리의 생각을 사로잡아야 한다. 우리가 기도하는 시간에는 모든 사람이 우리 마음속에 자리를 차지하고 있어야 한다. 모든 족속의 소원과 고민으로 우리 연민의 마음을 넓히고 부드럽게 만들어야 하며, 우리의 탄원에 열정의 불꽃을 태워야 한다.

마음과 생각이 협량한 사람은 제대로 기도할 수 없다. 하나님에 대해, 인류를 구원하시려는 그분의 계획에 대해, 모든 사람의 보편적인 필요에 대해 좁은 시야를 지닌 사람은 능력 있게 기도할 수 없다. 능력 있는 기도를 하기 위해서는 하나님과 그분의 대속적인 목적을 이해하는 넓은 마음을 가져야 한다. 냉소적인 사람은 제대로 기도할 수 없다. 기도는 바다보다 깊고 하늘보다 높은 거대한 마음을 가져야 할 뿐만 아니라 모든 인류를 향한 가장 신성한 박애 활동으로 나아가야 한다. 기도는 모든 사람에 대한 사려 깊은 생각과 연민으로 충만하여 더없이 원대한 마음에서 비롯되어야 한다.

기도는 "모든 사람이 구원을 받으며 진리를 아는 데에 이르기를 원하시는"(딤전 2:4) 하나님의 뜻과 나란히 나아가야 한다.

기도는 하늘에까지 다다르고, 천국이 이 땅에 임하게 만든다. 기도는 그 손으로 두 배의 축복을 부어준다. 기도는 기도하는 사람에게 보상을 주고, 기도 대상자를 축복한다. 기도는 치열한 전쟁을 평화의 기운으로 바꾸고, 서로 싸울 수밖에 없는 전쟁 요인을 진정시키거나 제거한다. 참된 기도는 행복한 열매로서 평온이 따라온다. 진정으로 기도하는 사람에게는 내적인 평온과 외적인 행복이 찾아온다.

기도는 "모든 경건과 단정함으로 고요하고 평안한 생활"(딤전 2:2)을 가능하게 만든다.

올바른 기도는 평화 속에서 아름다운 삶을 창조할 뿐만 아니라 의로움에서 향기를, 영향력에서 무게를 더해준다. 정직함, 엄숙함, 진실성, 그리고 진중한 성품은 기도의 자연스럽고 본질적인 열매이다.

하나님을 충분히 만족시키고 받으실만한 기도는 전 세계적으로, 관대한 마음으로, 이기심을 버리고 간구하는 그런 종류의 기도이다. 왜냐하면 그것이 바로 하나님의 뜻과 조화롭게 어울리는 동시에 모든 사람에게 저마다 각각 은혜의 물결처럼 흘러가기 때문이다. 그것이 바로 이 땅에서 인간 예수 그리스도께서 하셨던 기도이며, 지금도 하늘에 계신 하나님의 우편에 앉으셔서 우리의 강력한 중보자로서 계속하시는 기도이다. 예수님은 기도의 전형이시다. 예수님은 모든 사람을 위해 모든 사람을 대신하여 자신을 속전으로 내주신, 하나님과 우리 사이에 계신 유일한 중보자시다.

그러니까 참된 기도는 하나님의 뜻에 저절로 연결되어 모든 사람을 위한 사랑, 연민, 중보의 물결이 되어 흘러가야 한다. 예수 그리스도께서 타락의 흐름에 들어가 있는 모든 사람을 위해 죽으신 것과 마찬가지로 기도는 모든 사람을 에워싸서 모든 사람의 유익을 위해 자신을 내주어야 한다. 하나님과 인간 사이의 유일한 우리 중보자처럼 기도하는 사람은 하나님과 사람 사이를 연결하는 기도와 탄원으로 "심한 통곡과 눈물로 간구와 소원을"(히 5:7) 하나님께 올려드리는 것이다. 그렇기에 기도는 하늘에 닿고 땅을 움직인다. 기도는 땅을 붙잡아 하늘에다 연결하고, 하늘이 땅과 친밀하게 접촉할 수 있게 만든다.

당신을 인도하는 안내자와 형제들은
영원토록 당신의 마음을 사로잡는다.
언제나 온 인류를 꽉 붙잡고 있는
강력한 기도의 팔을 드넓게 펼치라.

다른 사람을 위한 중보기도는 동정하는 심령으로부터 잉태된다.

:
:

중보기도는
연민에서
비롯된다

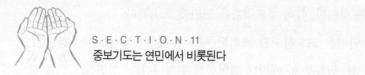

여기서 우리는 영적인 연민에 대해 특별히 언급하려고 한다. 그것은 새로워진 심령 속에서 잉태되는 것이며, 거기에서 환대의 성품을 발견하게 된다. 이 연민 속에는 긍휼의 자질이 내재되어 있으며, 이 연민은 불쌍히 여기는 마음의 본질에 속한다. 또한 우리 영혼이 다른 사람들에 대해 부드럽고 온화한 감정을 가지고 움직이게 만든다. 연민은 죄, 슬픔, 고통을 보고서 움직이게 된다.

연민은 다른 사람들에 대한 동정심이며, 사람들에게 관심을 두는 것이고, 다른 사람들에 대해 염려하고 가엾게 여기면서 측은해하는 것이다. 연민을 불러일으켜 점차 키우는 동시에 구체적으로 효력을 나타내게 만드는 것은 결핍과 고통 가운데 있는 수많은 사람, 그리고 스스로 거기에서 벗어나지 못하는 무기력한 사람들을 똑바로 바라보는 것이다. 특히 무기력함은 연민에 호소한다.

연민은 고요하지만 격리된 채로 존재하지는 않는다. 연민은 고난, 죄, 필요를 볼 때마다 결연하게 뛰쳐나간다. 연민을 느끼게 만드는 사람들을 위해 다른 무엇보다 간절히 기도하면서 뛰쳐나가며, 그 사람들을 위해 동정심을 갖게 만든다. 다른 사람들을 위한 기도는 동정심에서부터 잉태된다. 연민이 심령 속에서 잉태될 때 기도는 자연스럽게 거의 자발적으로 마음에서 우러나게 된다. 기도는 연민으로 가득한 사람에게 속한 것이다.

물론 자연인에게 속해 있는 연민도 당연히 존재하며, 그것은 무시되는 게 아니라 필요에 처한 사람들에게 간단한 은사를 활용하는 데 그 힘을 쏟게 된다. 그러나 새로워진 심령 속에서 탄생하는 영적인 연민은 그 본질상 그리스도를 닮은 것이며, 더 깊고 더 넓고 더 많이 기도하게 된다. 그리스도를 닮은 연민은 항상 기도로 움직여 나아가게 된다. 이와 같은 종류의 연민은 단순히 육신적인 결핍에서 벗어나는 것을 훨씬 뛰어넘는다. 이를테면 단지 "몸을 따뜻하게 해라. 따뜻한 옷을 입어라" 하고 공허하게 외치는 것과는 전혀 다르다. 연민은 훨씬 더 깊은 곳까지 도달하고, 훨씬 더 먼 데까지 나아간다.

연민은 맹목적이지 않다. 차라리 우리는 연민은 맹목성에서 탄생하지 않는다고 말해야 한다. 자기 영혼이 연민으로 가득한 사람에게는 다른 무엇보다 연민을 불러일으키는 것들을 바라보는 눈이 있다. 죄에 담겨 있는 놀라운 죄성, 인간의 결핍과 비통함을 바라보는 눈이 없는 사람은 결코 인류에 대한 연민을 소유하지 못한다. 연민과 관련해서 성경은 주님에 대해 이렇게 기록하고 있다.

"무리를 보시고 불쌍히 여기시니 이는 그들이 목자 없는 양과 같이 고생하며 기진함이라"(마 9:36).

먼저 배고픔과 비통함, 그리고 무기력한 상황에 빠진 무리를 보시고, 그다음에서야 주님도 연민을 가지셨다. 그 이후로 무리를 위해 기도하셨다. 무리의 슬픈 처지, 불행, 심각한 위험에 처해 있는 모습을 보고서도 마음에 아무런 움직임이 없는 사람은 매정한 자요, 그리스도를 닮는 삶과는 거리가 먼 사람이다. 그 사람에게는 타인을 위해 기도하려는 마음이 없다.

연민이 항상 사람들을 움직일 수 있는 것은 아니지만 항상 사람들을 향해 움직인다. 연민이 항상 사람들을 하나님께로 돌아서게 할 수는 없지만, 하나님을 사람들에게로 돌아서게 할 것이며, 또한 돌아서게 하고 있다. 그리고 연민은 다른 사람들의 필요를 해결하기에 가장 무기력한 곳에서 적어도 다른 사람들을 위해 하나님께 기도로 나아갈 수 있게 한다. 연민은 결코 다른 사람들에게 무관심하거나 이기적이거나 잊어버리지 않는다.

오직 연민만이 다른 사람들과 긴밀한 관계를 맺는다. 무리가 목자 없는 양 떼와 같은 처지였다는 사실은 우리 주님의 연민으로 가득한 본성에 호소했던 유일한 요인이었다. 그러니까 사람들의 주리고 허덕인 상태가 주님을 움직였으며, 이러한 무리의 고통과 아픔을 바라본 것이 우리 주님의 마음에 내재되어 있던 동정심을 불러일으켰다.

> 긍휼의 아버지시여, 위로부터 내려오는
> 전능하신 은혜를 보내주소서!
> 그리하여 우리의 순종하는 영혼들에게
> 당신의 사랑으로 가득한 형상을 아로새기소서!
>
> 오, 동정심으로 넘쳐나는 우리의 마음이
> 관대한 즐거움을 알 뿐만 아니라
> 다른 사람들의 즐거움을 친절하게 나누며
> 다른 사람들의 비통함을 슬퍼하게 하소서!

그러나 연민이 단지 우리 몸과 신체적인 장애와 필요에만 관련된 것은 아니다. 영혼의 고통스러운 상태, 영혼의 필요와 위험성이 각각 저마다 연민에 호소한다. 가장 높은 단계의 은혜는 가없은 죄인들을 향한 연민이라는 절대적인 표지를 통해서 알려지게 된다. 이와 같은 종류의 연민은 은혜에 속한 것이며, 단지 사람들의 육신만을 바라보는 게 아니라 죄로 말미암아 더럽혀진, 하나님 없이 불행한 처지에 놓인, 영원히 잃어버릴 임박한 위험에 처한 불멸의 영을 바라보게 된다. 연민이 이처럼 하나님의 심판으로 재빨리 나아갈 수밖에 없는 처지에서 죽어가는 사람들을 바라보는 시선을 놓치지 않을 때, 죄인들을 향한 중보기도가 저절로 터져 나오게 된다. 그러니까 연민은 이와 같은 방식으로 흘러나오게 된다.

> 그러나 내 연민이 아무리 연약해 보일지라도
> 또한 가장 애정 깊은 곳에서 그냥 슬퍼할 뿐이지만
> 오직 전능하신 당신께서 구원의 팔을 사용하셔서
> 이 모든 슬픔의 눈물을 기쁨의 눈물로 바꾸어주소서.

선지자 예레미야는 죄인들이 여호와의 진노하심으로 말미암아 진멸되지 않는 이유를 제시하면서 하나님에 대해 이렇게 선포했다.

> "여호와의 인자와 긍휼이 무궁하시므로 우리가 진멸되지 아니함이니이다. 이것들이 아침마다 새로우니 주의 성실하심이 크시도소이다"(애 3:22-23).

그런데 우리를 하나님과 너무나 흡사하도록 닮아가게 만드는 것은 바로 이와 같은 신적인 자질이다. 그런 까닭에 우리는 하나님께

복을 받았다고 선포되는 의로운 사람을 묘사하고 있는 시편 기자를
만나게 된다.

"정직한 자들에게는 흑암 중에 빛이 일어나나니 그는 자비롭고
긍휼이 많으며 의로운 이로다"(시 112:4).
"여호와는 은혜로우시며 의로우시며 우리 하나님은 긍휼이 많으
시도다"(시 116:5).

그리고 이처럼 회개하며 기도하는 죄인들을 크게 격려하면서 신
의 성품 가운데 놀라운 속성 일부를 기록하고 있다.

"여호와는 긍휼이 많으시고 은혜로우시며 노하기를 더디 하시고
인자하심이 풍부하시도다"(시 103:8).
"여호와는 은혜로우시며 긍휼이 많으시며 노하기를 더디 하시며
인자하심이 크시도다. 여호와께서는 모든 것을 선대하시며 그
지으신 모든 것에 긍휼을 베푸시는도다"(시 145:8-9).
"여호와께서 그의 앞으로 지나시며 선포하시되 여호와라. 여호와
라. 자비롭고 은혜롭고 노하기를 더디하고 인자와 진실이 많은
하나님이라. 인자를 천대까지 베풀며 악과 과실과 죄를 용서하
리라"(출 34:6-7).

그러므로 공생애 동안 우리 주님이 "무리를 보시고 불쌍히 여기시니"라고 말씀하시는 기록이 여러 차례 등장하는 것은 전혀 이상한 일이 아니다. 우리 주님이 걸어가시는 길을 가로막고 중간에 뛰어든 고통받고 비통한 사람들을 위해 기도하도록 그분을 움직인 것은 바로 이렇게 불쌍히 여기는 마음이었다. 그런데 도대체 누가 이런 사실을 의심할 수 있단 말인가?

사도 바울은 자신의 유대인 형제들의 신앙적인 안녕에 관해 놀라울 정도로 깊은 관심을 나타냈으며, 그 사람들을 향한 근심이 끊이지 않았다. 그리고 바울의 마음은 그 사람들의 구원에 대한 부드러운 연민으로 이상하리만치 따사로워져 있었다. 비록 그 사람들에게 심하게 학대당하고 핍박받았음에도 말이다. 로마 사람들에게 보낸 편지를 통해 우리는 이렇게 자기 마음을 표현하는 바울의 음성을 듣게 된다. "내가 그리스도 안에서 참말을 하고 거짓말을 아니하노라. 나에게 큰 근심이 있는 것과 마음에 그치지 않는 고통이 있는 것을 내 양심이 성령 안에서 나와 더불어 증언하노니 나의 형제 곧 골육의 친척을 위하여 내 자신이 저주를 받아 그리스도에게서 끊어질지라도 원하는 바로라"(롬 9:1-3).

사도 바울의 동족을 향한 연민의 마음이 여기에 얼마나 놀랍게 표현되어 있단 말인가! 잠시 후에 바울이 이렇게 자신의 열망과 기도를 기록하고 있다는 게 얼마나 경이롭단 말인가! "형제들아 내 마음에 원하는 바와 하나님께 구하는 바는 이스라엘을 위함이니 곧 그들로 구원을 받게 함이라"(롬 10:1).

한때 우리 주님의 연민을 아주 크게 격동시킨 어떤 사건을 우리는 마태복음에서 발견하게 된다. "예수께서 모든 도시와 마을에 두루 다니사 그들의 회당에서 가르치시며 천국 복음을 전파하시며 모든 병과 모든 약한 것을 고치시니라. 무리를 보시고 불쌍히 여기시니 이는 그들이 목자 없는 양과 같이 고생하며 기진함이라. 이에 제자들에게 이르시되 추수할 것은 많되 일꾼이 적으니 그러므로 추수하는 주인에게 청하여 추수할 일꾼들을 보내주소서 하라 하시니라"(마 9:35-38).

사람들의 과도한 요구 때문에, 계속해서 오가는 사람들과 끊임없이 접촉한 탓에, 거대한 무리를 섬기느라 완전히 녹초가 된 까닭에 지쳐 있는 제자들을 예수님이 한쪽 옆으로 불러내 잠시 쉬게 하셨다는 병행 구절들에서도 그 연민의 마음을 엿볼 수가 있다. 그러나 무리가 예수님을 한참 앞서 나가고 있어서 한적한 광야에서 조용히 휴식을 취하는커녕, 오히려 자신을 찾아와 이야기를 듣고 치유되기를 열망하는 거대한 무리와 마주 서게 되셨다. 여기서 우리 주님은 불쌍히 여기는 마음이 동하셨다. 다 익은 곡식을 추수할 일꾼이 필요했다. 우리 주님은 그분의 주권적인 권위로 단번에 이러한 추수꾼들을 다 부르시는 대신에, 추수할 대상으로 나아가는 일꾼들을 보내달라고 하나님께 간구하도록 제자들을 촉구하셨다.

여기에 우리 주님의 연민으로 말미암아 강요되는 기도의 긴박함이 있다. 그것은 죽어가는 인류를 향한 연민 때문에 생겨나는 기도이다. 기도는 일꾼들을 주님의 추수 들판으로 보내도록 교회를 압박한다. 추수할 들판은 자꾸 희어져 망가져 가지만 일꾼들은 하나님의 택하심을 받고 보냄을 받고 명령을 받아야 한다. 그러나 하나님은 이러한 일꾼들을 기도 없이 추수할 들판으로 보내시지 않는다. 일꾼들이 할 일을 제대로 해내지 못하는 것은 기도를 제대로 하지 않은 탓이다. 추수할 들판에 일꾼이 적은 것은 주님의 명령에 따라 거기서 일할 일꾼들을 보내달라고 교회가 간절히 기도하지 않기 때문이다.

이 땅에서 추수한 곡식을 하늘 창고에 거두어들이는 것은 하나님의 백성이 올려드리는 기도에 달려 있다. 기도는 일꾼들이 추수에 필요한 모든 것을 양적으로나 질적으로 충분히 확보하게 만든다. 하나님이 선택하신 일꾼들, 하나님이 내려주신 일꾼들, 하나님이 밀어넣으신 일꾼들은 그리스도를 닮은 연민으로 충만한 채 그리스도를 닮은 능력을 부여받아서 진정으로 나아갈 유일한 자들이며, 그 사람들의 나아감은 모두에게 유용한 일이다. 또한 이러한 모든 것이 오직 기도로 안전하게 확보된다. 겉으로 명백하게 드러나는 영원한 위험에 노출되어 죽어가는 자들과 필요에 처한 영혼들에 대해 그리스도의 연민을 가지고 무릎을 꿇는 사람들은, 수적으로든 성품으로든 이 땅의 필요와 하늘의 목적을 충족시키기에 딱 맞는 하나님의 일꾼들이다.

하나님은 하늘과 땅의 주권자이시며, 다른 어떤 사람들을 대표하는 게 아니라 하나님을 대표하여 추수할 들판으로 보낼 일꾼들을 선택하는 데서도 주권자시다. 기도는 주권자인 하나님을 존귀하게 만들며, 그분이 지혜롭고 거룩한 선별로 나아가게 만든다. 우리는 이교주의라는 들판이 그리스도를 위해 성공적으로 경작될 때까지 기도를 전면에 내세워야 한다.

하나님은 자기 백성들을 잘 알고 계시며, 자기 일에 대해서도 충분히 잘 알고 계신다. 기도는 하나님이 추수를 가장 잘하는 사람들, 추수에 가장 적합한 사람들, 추수할 들판에서 일하기에 가장 좋은 자질을 갖춘 사람들을 보내게 만든다. 교회에서 사람들을 강제로 선교적인 명분으로 나아가게 함으로써 오히려 이와 같은 하나님의 주권적인 측면이 계속해서 골칫거리 약점으로 자리 잡게 되었을 뿐만 아니라 자꾸 실패를 거듭하게 되었다. 그러나 아담 안에서 타락했으나 그리스도 안에서 구속받은 죄인들의 세상에 대한 연민은, 교회가 그 사람들을 위해 기도로 나아가도록 할 것이며, 하나님께 일꾼들을 추수할 들판으로 보내주시도록 기도하게 할 것이다.

추수의 주님이시여,
필요에 처한 당신의 종들이 부르짖는 소리를 들으시고
우리가 믿음으로 드리는 능력의 기도에 응답하소서.
또한 우리의 모든 필요를 공급해주소서.

당신의 교회를 더 많이 회심시켜서
더 많은 사람을 더 멀리까지 보내게 하소서.
하나님과 함께 일하는 동역자로서
그 사람들이 당신의 말씀을 능력 있게 전파하게 하소서.

우리를 위해 영원토록 중보하는 삶을 살고 계신 분이 저 하늘에
계신다고 생각할 때, 놀라운 위로와 소망이 우리 마음을 가득 채우
게 된다. 왜냐하면 여호와 하나님의 인자와 긍휼이 무궁하시기 때문
이다.

"이것을 내가 내 마음에 담아 두었더니 그것이 오히려 나의 소망
이 되었사옴은 여호와의 인자와 긍휼이 무궁하시므로 우리가 진
멸되지 아니함이니이다. 이것들이 아침마다 새로우니 주의 성실
하심이 크시도소이다"(애 3:21-23).

다른 모든 것보다 우리에게는 긍휼과 연민에 풍성하신 구세주가
계시는데 "그가 무식하고 미혹된 자를 능히 용납할 수 있는 것은 자
기도 연약에 휩싸여 있음이라. 그러므로 백성을 위하여 속죄제를 드
림과 같이 또한 자신을 위하여도 드리는 것이 마땅하니라"(히 5:2-
3). 우리 주님의 동정하심과 연민은 그분이 아담의 타락하고, 잃어
버리고, 무기력한 민족의 대제사장이 되기에 매우 적합하게 하였다.

또한 그분이 너무나 긍휼하심으로 충만한 나머지 하나님의 보좌 오른편에서 우리를 위해 중보하려고 나아가신다면, 우리도 온갖 징표를 통해 하나님의 거룩한 진노하심에 노출된 무식하고 미혹된 자들에게 그와 같은 연민을 보여주어야 한다. 우리가 그 사람들을 위해 기도하려고 나아가는 것과 마찬가지로 말이다. 단지 우리에게 연민이 가득한 한에서는 다른 사람들을 위해 기도하게 될 것이다. 연민은 단지 "따뜻하게 하라. 옷을 두둑하게 입어라"는 말로 겉치레 인사를 건네느라 에너지를 쏟지 않는 대신, 예수 그리스도와 그분의 은혜가 필요한 사람들을 위해 무릎 꿇고 기도하도록 우리 자신을 몰아가게 된다.

예수 그리스도는 완전히 인간이셨다. 그와 동시에 하나님의 신적인 아들이며, 하나님의 인간적인 아들이셨다. 그리스도는 탁월한 인간적인 측면을 갖고 계셨으며, 여기에는 연민과 긍휼의 마음이 다스리고 있었다. 그리스도는 모든 면에서 우리와 마찬가지로 시험을 받으셨으나 죄는 없으셨다. 한때 그분의 육신은 자신을 짓누르는 두려울 정도의 압박감 아래서 얼마나 연약해진 것처럼 보였는지, 그와 같은 고통과 영향력 아래서 얼마나 내적으로 움츠러들었는지 모른다!

이때 그리스도는 하늘을 올려다보시면서 이렇게 말씀하셨다. "지금 내 마음이 괴로우니 무슨 말을 하리요. 아버지여 나를 구원하여 이때를 면하게 하여주옵소서. 그러나 내가 이를 위하여 이때에 왔나이다"(요 12:27). 얼마나 그 영이 예민해서 거기에 사로잡혀 있었는지! 이러한 곤경, 암울함, 고통 속에서도 우리 주 하나님을 따랐으며, "시험에 들지 않게 깨어 기도하라. 마음에는 원이로되 육신이 약하도다"(마 26:41)라는 사실을 깨달았던 그리스도만이 유일하게 이 신비를 해결할 수 있으셨다.

이 모든 사실은 우리 주님이 연민과 긍휼이 많으신 구세주가 되기에 적합하도록 하였다. 하나님이 인도하시는 도중에 고통을 느끼고 어둠을 깨닫는 것은 전혀 죄가 아니다. 그 시간의 고통, 공포, 황망함에 대해 하나님께 부르짖는 것은 오직 인간뿐이다. 그 시간에 하나님께 울부짖는 것은 신적인 일이다. 심지어 움츠러들고 가라앉는 동안에도 말이다. "그러나 내가 이를 위하여 이때에 왔나이다." 과연 내가 육신의 연약함 때문에 실패해야 한단 말인가? 전혀 아니다. "아버지여 아버지의 이름을 영광스럽게 하옵소서 하시니 이에 하늘에서 소리가 나서 이르되 내가 이미 영광스럽게 하였고 또다시 영광스럽게 하리라"(요 12:28). 하나님의 영광으로 우리를 인도하시는 영원한 북극성을 발견하는 것이 얼마나 우리를 강하게 하는지, 얼마나 우리를 진실하게 하는지 모른다!

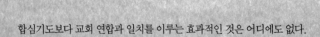

합심기도보다 교회 연합과 일치를 이루는 효과적인 것은 어디에도 없다.

:
:

합심기도는
연합과 일치를
가져온다

S·E·C·T·I·O·N·12
합심기도는 연합과 일치를 가져온다

중보는 기도와 간구를 합친 것이다. 이 말은 반드시 다른 사람들과 관련된 기도를 의미하지는 않는다. 이 말은 자유로이 아무 거리낌 없는 친교로 다 함께 나아오는 것, 가장 친밀한 친구 관계에 빠져드는 것을 의미한다. 이 말은 자유롭고 친밀하고 담대한 기도를 의미한다. 그래서 경건한 퀘스넬(Quesnel)은 이렇게 말했다. "하나님은 오직 연합과 일치 가운데서 찾을 수 있다. 기도를 통하여 연합과 일치를 이루는 것보다 더 효과적인 것은 어디에도 있을 수 없다."

우리 주님도 마태복음 18장에서 연합기도에 관한 이와 같은 문제를 다루셨다. 예수님은 기도 부대의 연합으로 말미암아 생겨나는 유익과 에너지를 다루셨다. 이와 같은 기도의 원칙과 기도의 약속은 우리 주님이 말씀하신 관계 속에서 가장 잘 이해할 수 있을 것이다.

"네 형제가 죄를 범하거든 가서 너와 그 사람과만 상대하여 권고하라. 만일 들으면 네가 네 형제를 얻은 것이요 만일 듣지 않거든 한두 사람을 데리고 가서 두세 증인의 입으로 말마다 확증하게 하라. 만일 그들의 말도 듣지 않거든 교회에 말하고 교회의 말도 듣지 않거든 이방인과 세리와 같이 여기라. 진실로 너희에게 이르노니 무엇이든지 너희가 땅에서 매면 하늘에서도 매일 것이요 무엇이든지 땅에서 풀면 하늘에서도 풀리리라. 진실로 다시 너희에게 이르노니 너희 중의 두 사람이 땅에서 합심하여 무엇이든지 구하면 하늘에 계신 내 아버지께서 그들을 위하여 이루게 하시리라. 두세 사람이 내 이름으로 모인 곳에는 나도 그들 중에 있느니라"(마 18:15-20).

이것은 여러 가지 잘못을 저지른 교인들이 순조롭게 훈계과정에 순응하도록 하려고 훈계를 강화하기 위해 기도하는 교회를 묘사한다. 더구나 그것은 교회에 해악을 끼치는 사람을 치리하는 문제와 관련하여 발생하는 소모적인 갈등을 바로잡기 위해 연합기도로 함께 부르심을 받은 교회이다. 연합기도에 관한 이 마지막 지침은 하나님의 승인과 재가를 받기 위한 전반적인 문제가 모두 전능하신 하나님과 관련되어 있다는 것이다.

이 모든 것은 교회 안에서 가장 주요한, 결론적인, 전능한 원동력이 기도임을 의미한다. 이미 우리가 마태복음 9장에서 살펴본 것처럼 그것이 이 세상에서 추수할 하나님의 들판으로 일꾼들을 내모는 것이든, 형제들의 권면에 귀를 기울이지도, 자기 잘못을 회개하고 자백하지도 않으면서 연합, 규범, 질서를 깨뜨리는 자를 교회에서 배제하는 것이든 간에 상관없이 말이다.

그것은 교회의 징계가 지금 현대 교회에서는 까맣게 잊어버린 기술이지만, 기도와 나란히 함께 가야 한다는 것을 의미하며, 잘못을 저지르는 사람들과 교회를 분리해 놓으려는 아무런 조치를 취하지 않는 교회, 그리고 규범과 질서를 마음대로 어기는 탓에 다루기 힘든 사람들에 대해 전혀 제명하려는 의사를 보이지 않는 교회는 하나님과 아무런 소통도 할 수 없다는 것을 의미한다. 교회의 정결함이 교회의 기도를 앞서나가야 한다. 교회 안에서 징계에 관해 연합을 이루는 것이 교회가 기도로 연합을 이루는 것에 앞선다.

징계에 그다지 주의를 기울이지 않는 교회는 기도에도 그다지 주의를 기울이지 않으리라는 점에 주목하도록 하라. 교제하는 가운데 악행 하는 자들을 관대하게 다루는 교회는 기도하기를 멈춘 것이며, 한마음으로 기도하기를 멈춘 것이며, 그리스도의 이름으로 함께 모이는 교회가 되기를 멈춘 것이다.

이와 같은 교회 징계의 문제는 성경에서 매우 중요한 주제이다. 교인들의 삶을 주의 깊게 살펴볼 의무는 하나님의 교회에 속한 것이다. 교회는 서로 도움을 주고받는 공동체이며, 모든 교인을 주의 깊게 깨어서 돌아볼 책임이 있다. 무질서하고 어수선한 행위를 눈감아주면서 결코 그냥 지나칠 수 없는 노릇이다. 그러한 경우에 밟아나 가야 하는 절차와 과정이 지금까지 언급해온 마태복음 18장에 명확하게 제시되어 있다. 더구나 갈라디아서 6장에서 바울은 교회 안에서 죄에 빠진 사람들에 관해 분명한 지침을 제시하고 있다.

> "형제들아 사람이 만일 무슨 범죄한 일이 드러나거든 신령한 너희는 온유한 심령으로 그러한 자를 바로잡고 너 자신을 살펴보아 너도 시험을 받을까 두려워하라. 너희가 짐을 서로 지라. 그리하여 그리스도의 법을 성취하라. 만일 누가 아무것도 되지 못하고 된 줄로 생각하면 스스로 속임이라. 각각 자기의 일을 살피라. 그리하면 자랑할 것이 자기에게는 있어도 남에게는 있지 아니하리니 각각 자기의 짐을 질 것이라"(갈 6:1-5).

교회 일이란 교인들과 따로 떨어진 게 아니라 교인들이 교회 안으로 들어온 이후로도 계속해서 보살피고 지켜주는 것이다. 그러므로 만일 누가 죄를 범하게 된다면 그 사람을 찾아 나서야 한다. 그래서 만약 그 사람이 자기 잘못을 고치지 못한다면 마땅히 출교 조치가 뒤따라야 한다. 이것이 바로 우리 주님이 정해놓으신 가르침이다.

비록 에베소교회가 첫사랑을 잃어버리고 영성생활을 구성하는 필수적인 경건함과 이와 관련된 것들에서 매우 유감스러울 정도로 소홀하였지만, 그런데도 다음과 같은 좋은 자질로 공적을 인정받을 수 있었던 것은 교회 내에 존재하는 잘못된 교인들을 용납하지 않았기 때문이다.

> "내가 네 행위와 수고와 네 인내를 알고 또 악한 자들을 용납하지 아니한 것과 자칭 사도라 하되 아닌 자들을 시험하여 그의 거짓된 것을 네가 드러낸 것과 또 네가 참고 내 이름을 위하여 견디고 게으르지 아니한 것을 아노라"(계 2:2-3).

그러나 버가모교회는 다른 사람들에게 걸림돌이 되는 그러한 해로운 가르침을 가르치는 교인들이 그 가운데 있었기 때문에 오히려 책망받았다. 그러니까 그러한 인물들이 교회에 그다지 많지는 않으나 그 사람들이 알게 모르게 용납되고 있었다. 여기에서 받는 인상은 교회 지도자들이 그러한 해로운 인물들의 존재에 매우 둔감했으며, 그런 까닭에 징계를 실행할 수 없는 상태였다는 것이다. 이 같은 부적절한 처신은 교인들 사이에서 기도하는 모습이 없었다는 사실에 대한 변함없는 징표이다. 교회를 정화하고 정결하게 유지하기 위해 주의를 기울이려는 기도의 노력에 전혀 한마음이 되지 못했다.

이런 징계 개념은 각 교회들에 보내는 사도 바울의 편지에서 두드러지게 나타난다. 고린도교회에서는 어떤 사람이 자기 계모와 결혼하는 악한 간통 사건이 발생했는데도, 이와 같은 비행과 부정행위에 그다지 주의를 기울이지 않았다. 바울은 다소 신랄하게 그 교회

를 책망하면서 다음과 같은 취지로 명확하게 명령을 내렸다. 여기에
는 바울이 요청한 대로 기도하는 사람들의 편에서 나타나는 조화로
운 행동이 전제되어 있었다

　"내가 너희에게 쓴 편지에 음행하는 자들을 사귀지 말라 하였거
니와 이 말은 이 세상의 음행하는 자들이나 탐하는 자들이나 속여
빼앗는 자들이나 우상 숭배하는 자들을 도무지 사귀지 말라 하는 것
이 아니니 만일 그리하려면 너희가 세상 밖으로 나가야 할 것이라.
이제 내가 너희에게 쓴 것은 만일 어떤 형제라 일컫는 자가 음행하
거나 탐욕을 부리거나 우상 숭배를 하거나 모욕하거나 술 취하거나
속여 빼앗거든 사귀지도 말고 그런 자와는 함께 먹지도 말라 함이
라. 밖에 있는 사람들을 판단하는 것이야 내게 무슨 상관이 있으리
요마는 교회 안에 있는 사람들이야 너희가 판단하지 아니하랴. 밖에
있는 사람들은 하나님이 심판하시려니와 이 악한 사람은 너희 중에
서 내쫓으라"(고전 5:9-15).

　데살로니가교회 같은 멋진 교회 역시 무질서한 사람들을 돌아보
는 이와 같은 문제에 대한 가르침과 경고가 필요했다. 그러므로 우리
는 그 사람들에게 이렇게 말하는 바울의 음성에 귀 기울여야 한다.

　"형제들아 우리 주 예수 그리스도의 이름으로 너희를 명하노니
게으르게 행하고 우리에게서 받은 전통대로 행하지 아니하는 모든
형제에게서 떠나라. …우리가 너희와 함께 있을 때에도 너희에게 명
하기를 누구든지 일하기 싫어하거든 먹지도 말게 하라 하였더니 우

리가 들은즉 너희 가운데 게으르게 행하여 도무지 일하지 아니하고 일을 만들기만 하는 자들이 있다 하니 이런 자들에게 우리가 명하고 주 예수 그리스도 안에서 권하기를 조용히 일하여 자기 양식을 먹으라 하노라. 형제들아 너희는 선을 행하다가 낙심하지 말라. 누가 이 편지에 한 우리 말을 순종하지 아니하거든 그 사람을 지목하여 사귀지 말고 그로 하여금 부끄럽게 하라. 그러나 원수와 같이 생각하지 말고 형제같이 권면하라"(살후 3:6,10-15).

잊지 말라! 하나님을 불쾌하게 만드는 것은 단지 교회 안에 무질서한 사람들의 존재만이 아니다. 그것은 바로 이 사람들이 "자신을 용인해 달라"는 그릇된 간청을 통해 관대한 처분을 받거나, 이 사람들의 악행을 치유하기 위하여 아무런 조치가 내려지지 않거나, 교회의 교제 관계에서 이 사람들을 단호히 배제하지 않을 때이다. 그런데 이처럼 다루기 힘든 교인들에 대한 교회 측의 두드러진 소홀함은 단지 기도 부족에 대한 슬픈 징표일 뿐이다. 왜냐하면 상호기도, 합심기도로 나아가면서 기도하는 교회는 어떤 형제가 잘못을 저지를 때 이것을 예리하게 분별할 뿐만 아니라, 또한 그 형제를 회복시키려고 애쓰거나 만약 그 형제가 구제불능일 경우에는 적절히 통제하려고 노력한다.

이 가운데 많은 것은 교회 지도자들 편에서 영적인 비전이 부족하다는 데까지 거슬러 올라간다. 이와 관련해서 하나님이 선지자 이사야의 입을 통해 매우 적절하고 도발적인 질문을 던지셨다. "'너희

귀가 먹은 자들아, 들어라. 너희 눈이 먼 자들아, 환하게 보아라. 누가 눈이 먼 자냐? 나의 종이 아니냐! 누가 귀가 먹은 자냐? 내가 보낸 나의 사자가 아니냐!' 누가 눈이 먼 자냐? 주님과 언약을 맺은 자가 아니냐! 누가 눈이 먼 자냐? 주님의 종이 아니냐! 그는 많은 것을 보았으나 마음에 새기지 않았다. 귀가 열려 있었으나 귀담아듣지 않았다"(사 42:18-20, 새번역). 교회 지도자들의 이와 같은 무감각은 교회 안에서 악행을 저지르는 사람들을 바라보면서, 그 사람들을 돌아보면서 던지는 이와 같은 질문보다 더 명백한 것이 없다. 그 사람들을 회복시키기 위한 노력이 실패할 때 그 사람들을 교제 관계에서 배제하고 마치 '이방인과 세리처럼' 여기도록 해야 한다.

오늘날과 같은 현대 교회에서 직분자와 설교자들이 세례 언약을 어기고 하나님의 말씀을 공공연히 무시하면서 살아가는 교인들을 바라보는 시선을 완전히 놓쳐버린 이유는 교인 숫자에 대한 엄청난 욕망이 도사리고 있기 때문이다. 오늘날 교회를 사로잡고 있는 생각은 교인들의 자질이 아니라 양적 성장이다. 교회의 순결함은 교인 수를 안전하게 확보하여 교인 명부에 추가하고 통계란에 더 커다란 숫자를 적어 넣으려는 열풍 속에 저 뒤편으로 내던져지게 된다. 기도, 더 많은 기도, 상호기도는 교회를 성경적인 기준으로 다시 돌아가게 할 것이며, 수많은 그릇된 행동을 일삼는 자들을 교회 내에서 몰아낼 것이다. 비록 그게 일부 악한 삶을 살아가는 사람들을 치유할 수 없을지는 몰라도 말이다.

기도와 교회 규율은 기독교의 섭리 중에서 새로운 계시가 아니다. 이 두 가지는 유대인 교회 안에서 매우 높은 자리를 차지하고 있었다. 그 모든 것을 다 언급하기에는 사례가 너무나 많고 다양하다. 그중 에스라가 적절한 사례일 것이다. 에스라가 포로생활에서 돌아왔을 때 그 땅을 떠났던 하나님의 백성들이 처한 삶의 정황이 너무나 비참하고 고통스럽다는 사실을 보게 되었다. 그 백성들은 주변에 사는 이방인들과 자신들을 분리하지 않았으며, 하나님의 거룩한 명령과는 반대로 이방인과 결혼하는 것도 서슴지 않았다. 그런데 교회에서 높은 위치를 차지하고 있던 사람들, 곧 제사장과 레위인들 역시 다른 백성들과 더불어 거기에 동참하고 있었다.

에스라는 자신이 본 사실에 크게 마음 아파하고 자기 옷을 찢으면서 울며 기도했다. 교회 안에서 악을 행하는 자들은 에스라에게 인정받지 못했으며, 또한 에스라는 그 사람들을 눈감아주거나, 너그러이 용서해주거나, 그 상황에 대해 타협하지도 않았다. 에스라가 자기 백성들의 죄를 고백하면서 기도하기를 마치자, 이스라엘 백성들은 에스라 앞에 모두 모여 에스라와 더불어 자신들의 악행을 집어치우겠다고 한마음으로 언약을 맺었다. 그리고 에스라와 더불어 울면서 기도를 드렸다. 그 결과 이스라엘 백성들은 자신들의 범죄 행위를 철저히 회개하였으며, 이스라엘은 철저히 개혁되었다. 눈이 멀지 않고 무관심하지 않은 기도하는 선한 사람이 바로 이와 같은 일을 이루어낸다.

에스라에 관해서는 성경에 이렇게 기록되어 있다. "이에 에스라가 하나님의 성전 앞에서 일어나 엘리아십의 아들 여호하난의 방으로 들어가니라. 그가 들어가서 사로잡혔던 자들의 죄를 근심하여 음식도 먹지 아니하며 물도 마시지 아니하더니. …제사장 에스라가 일어나 그들에게 이르되 너희가 범죄하여 이방 여자를 아내로 삼아 이스라엘의 죄를 더하게 하였으니 이제 너희 조상들의 하나님 앞에서 죄를 자복하고 그의 뜻대로 행하여 그 지방 사람들과 이방 여인을 끊어 버리라 하니"(스 10:6,10-11). 자기 눈으로 교회 안에서 악을 행하는 사람들의 범죄 행위를 목격할 때 그 사람들에 대해 애통한 마음을 품고서, 너무나 크게 근심하는 영을 갖는 것은 바로 교회 안에서 기도하는 모든 사람에게 너무나 당연한 일이다.

기도하는 지도자들이 있어서 무엇이 교회 안에서 무질서한 것인지를 알아볼 수 있으며, 그에 관해 애통해하는 동시에 하나님의 명분이 진전되지 못하도록 짓누르는 악행들을 바로잡는 교회는 복이 있다. "화 있을진저 시온에서 교만한 자와 사마리아산에서 마음이 든든한 자 곧 백성들의 머리인 지도자들이여 이스라엘 집이 그들을 따르는도다"(암 6:1)라고 아모스가 언급한 사람들에 대한 고발에서 나타나는 요점은 다음과 같은 것이다. "너희는 흉한 날이 멀다하여 포악한 자리로 가까워지게 하고 상아 상에 누우며 침상에서 기지개 켜며 양 떼에서 어린 양과 우리에서 송아지를 잡아서 먹고 비파 소리에 맞추어 노래를 지절거리며 다윗처럼 자기를 위해 악기를 제조하며 대접으로 포도주를 마시며 귀한 기름을 몸에 바르면서 요셉의 환난에 대하여는 근심하지 아니하는 자로다. 그러므로 그들이 이제는 사로잡히는 자 중에 앞서 사로잡히리니 기지개 켜는 자의 떠드는 소리가 그치리라"(암 6:3-7).

여기서 가장 중요한 요점은 그 사람들이 "요셉의 환난에 대하여는 근심하지 아니하는 자"들이라는 것이다. 그런데 이와 같은 고발은 현대 교회 지도자들에게도 얼마든지 임할 수 있는 것이다. 그 지도자들은 자기 교회의 교인들이 세상적이고 육신적인 일들을 향한 열풍에 완전히 휩싸인 것 때문에 애통해하지 않는다. 또한 교회 안에서 공공연히 무질서한 삶을 살아가는 사람들이 존재할 때도 그와 같은 삶이 신앙 양심에 전혀 분노를 일으키지 못한다. 물론 그러한 지도자들은 이 문제와 관련해 기도하지 않는다. 왜냐하면 기도는 이러한 악행을 저지르는 자들에 대해 그 지도자들 안에 배려하는 영이 생겨나게 할 것이며, 그 지도자들을 사로잡고 있는 무관심의 영을 쫓아버릴 것이기 때문이다.

에스겔서 9장에서 얼룩 뿔을 가진 사람에 대해 읽어보는 것은 기도하지 않는 교회 지도자들과 부주의한 목회자들에게 정말 절실히 필요한 일일 것이다. 거기에서 하나님은 에스겔 선지자에게 그 안에서 발견된 커다란 악행들 때문에 그 도성에서 사는 자들을 파멸시킬 사람들을 그 도성으로 보내려 한다고 가르쳐주셨다. 그러나 어떤 사람들은 아무런 해를 당하지 않고 목숨을 고스란히 보존하게 되었다.

이 사람들이 바로 "여호와께서 이르시되 너는 예루살렘 성읍 중에 순행하여 그 가운데에서 행하는 모든 가증한 일로 말미암아 탄식하며 우는 자의 이마에 표를 그리라"(겔 9:4)고 말씀하신 자들이었다.

얼룩 뿔을 가진 사람은 이렇게 탄식하고 애통해하는 모든 자에게 표시를 남겨서 그 사람들이 임박한 파멸에서 벗어날 수 있도록 하였다. 그 지시에 따르면 애통하고 탄식하지 않은 사람들을 죽이는 것이 바로 "너희는 그를 따라 성읍 중에 다니며 불쌍히 여기지 말며 긍휼을 베풀지 말고 쳐서 늙은 자와 젊은 자와 처녀와 어린이와 여자를 다 죽이되 이마에 표 있는 자에게는 가까이하지 말라. 내 성소에서 시작할지니라 하시매 그들이 성전 앞에 있는 늙은 자들로부터 시작하더라"(겔 9:5-6)는 말씀을 이루는 것이었다.

현대 교회의 기도하지 않고 무관심한 직분자들에게 이 얼마나 커다란 교훈을 심어준단 말인가! 이 땅에서 현재 일어나는 가증스러운 일들에 대해 '탄식하며 울부짖는' 자들이, 그리고 시온의 황폐함에 대해 애통해하는 자들이 얼마나 적단 말인가! 이러한 상황에 대해 '두세 사람이 함께 모여' 합심 기도회를 하는 것이 얼마나 필요한 일이란 말인가! 시온의 죄악들을 위해 은밀한 장소에서 슬피 울며 기도하는 것이 얼마나 절실하단 말인가!

마태복음 19장에서 우리 주님이 가르쳐주신 바로 이 연합기도, 합심기도는 곳곳에서 증거와 실례를 발견하게 된다. 이것은 로마서 15장에 기록된 것처럼 바울이 로마에 있는 형제자매들에게 요청하면서 언급한 그런 종류의 기도였다.

"형제들아 내가 우리 주 예수 그리스도와 성령의 사랑으로 말미암아 너희를 권하노니 너희 기도에 나와 힘을 같이하여 나를 위하여 하나님께 빌어 나로 유대에서 순종하지 아니하는 자들로부터 건짐을 받게 하고 또 예루살렘에 대하여 내가 섬기는 일을 성도들이 받을 만하게 하고 나로 하나님의 뜻을 따라 기쁨으로 너희에게 나아가 너희와 함께 편히 쉬게 하라. 평강의 하나님께서 너희 모든 사람과 함께 계실지어다. 아멘"(롬 15:30-33).

여기에 기도로 하나 된 마음이 있으며, 합심하여 기도하는 모습이 있으며, 믿지 않는 악한 사람들에게서 벗어나도록 직접 겨냥하는 기도가 있다. 이것이 바로 우리 주님이 촉구하신 것과 같은 종류의 기도이며, 그 목적은 실제로 믿지 않는 사람들로부터 건짐을 받는 것과 같은 일이 생겨나도록 하는 것이며, 그 구원은 이 사람들이 회개로 나아오도록 하거나 교회로부터 출교를 당하는 일이 벌어지게 하는 것이다.

이와 같은 생각이 데살로니가후서 3장에서도 발견된다. "끝으로 형제들아 너희는 우리를 위하여 기도하기를 주의 말씀이 너희 가운데서와 같이 퍼져 나가 영광스럽게 되고 또한 우리를 부당하고 악한 사람들에게서 건지시옵소서 하라. 믿음은 모든 사람의 것이 아니니

라. 주는 미쁘사 너희를 굳건하게 하시고 악한 자에게서 지키시리라"(살후 3:1-3).

여기에 다른 모든 것보다 사악한 사람들에게서 건져달라고 연합 기도를 요청하는 사도의 모습이 있다. 이것은 오늘날에도 하나님의 교회에 필요한 기도이다. 사도 바울은 기도에 데살로니가 형제들이 동참함으로써, 하나님의 교회에 해로운 영향을 끼치고 우리 주님의 말씀이 자유롭게 흘러 다니지 못하도록 방해했던 사람들에게서 벗어나기를 바라는 목적이 있었다.

한번 이렇게 물어보도록 하자. 과연 오늘날에는 우리 주님의 말씀이 계속해서 퍼져나가지 못하도록 적극적으로 방해하는 사람들이 교회 안에 없는가? 이와 같은 문제에 대해 합심하여 기도하는 것보다 더 나은 처방이 과연 있단 말인가? 그와 동시에 그 사람들을 그리스도의 몸에서 잘라내는 그런 처방을 제대로 실행하지 못하고서, 먼저 그 사람들을 구원하기 위해 그리스도께서 제시하신 징계라는 처방을 사용하는 것보다 더 나은 게 과연 무엇이란 말인가?

그것이 매우 가혹한 것처럼 보이는가? 그렇다면 우리 주님에게도 냉혹함에 대한 죄가 있었다. 왜냐하면 예수님은 다음과 같은 말씀으로 이 지침을 마무리하고 있기 때문이다.

"만일 그들의 말도 듣지 않거든 교회에 말하고 교회의 말도 듣지 않거든 이방인과 세리와 같이 여기라"(마 18:17).

이것이 냉혹함이 아닌 것은 노련한 외과의사의 수술 실력을 냉혹함이라고 할 수 없는 것과 마찬가지 이유이다. 그 의사는 괴저병에 걸려 위험에 처한 온몸과 각 지체를 한눈에 살펴보고, 온몸의 유익을 위해 그 몸에서 병에 걸린 지체를 단호히 절단하겠다는 처방을 내릴 것이다. 또한 불순종한 요나로 인한 거센 폭풍으로 말미암아 배에 탄 모든 사람의 목숨이 위험에 처하자, 도망치는 선지자 요나를 배 밖으로 내던진 그 배의 선장과 선원들의 행위를 냉혹하다고 비판할 수는 없다. 이것은 겉으로 냉혹하게 보이는 게 오히려 하나님에 대한 순종이며, 교회의 안녕을 위한 것이며, 지극히 지혜로운 처신이기 때문이다.

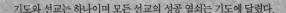

기도와 선교는 하나이며 모든 선교의 성공 열쇠는 기도에 달렸다.

:
:

기도는 선교를
보완하는
심부름꾼이다

S·E·C·T·I·O·N·13
기도는 선교를 보완하는 심부름꾼이다

선교란 그리스도와 그분의 대속적인 죽음에 관해 전혀 들어본 적이 없는 사람들에게 복음을 전한다는 뜻이다. 선교란 다른 사람들에게 우리 주 예수 그리스도를 통한 구원의 소식을 들을 수 있는 기회를 제공하며, 복음의 축복에 관해 듣고 받아들일 수 있는 기회를 얻도록 한다는 뜻이다. 마치 우리가 이미 기독교 국가로 바뀐 곳에서도 여전히 그렇게 하고 있듯이 말이다. 선교란 이미 복음의 혜택을 누리고 있는 사람들이 모든 인류에게 그와 같은 신앙적인 유익과 특권을 전수해준다는 뜻이다.

기도는 선교와 대단히 밀접한 관계가 있다. 기도는 선교를 보완하는 심부름꾼이다. 온갖 실제적인 선교의 노력이 얼마나 성공을 거두느냐는 기도에 따라 달라진다. 선교의 생명과 영은 곧 기도의 생명과 영이다. 기도와 선교는 둘 다 거룩하신 하나님의 마음속에서 잉태되었다. 기도와 선교는 죽마고우처럼 절친한 사이다. 기도는 선교를 성공적으로 일으켜서 진행하게 만드는 반면, 선교는 기도를 몹시 의지한다.

메시아를 다루는 시편 가운데 하나인 72편 15절에서는 "그를 위하여 드리는 기도가 그치지 않고, 그를 위하여 비는 복이 늘 계속될 것이다"(새번역)라고 언급하고 있다. 기도는 인간을 구원하기 위해 그리스도께서 오시도록 계속해서 드려져야 하며, 기도는 그 일을 시작하신 그리스도의 구원 계획이 완성되도록 계속해서 드려져야 한다.

예수 그리스도의 성령은 선교의 영이시다. 예수 그리스도는 최초의 선교사이셨다. 그분의 약속과 출현으로 최초의 선교운동이 주창되었다. 선교적인 영이란 단지 복음에서 나타나는 어떤 하나의 양상이나 구원 계획으로 드러나는 어떤 단순한 특징이 아니라, 바로 그 복음과 구원 자체를 이루는 영이자 생명이다. 선교운동이란 다름 아닌 예수 그리스도의 교회가 군대를 이루어 행진하는 것이며, 그리스도를 위해 모든 인류를 소유하려는 계획을 갖고 나아가는 것이다. 하나님의 성령이 만지는 사람은 누구든지 선교의 영으로 불타오르게 된다.

반선교적인 그리스도인은 용어상 서로 모순을 일으킨다. 어떤 신적이고 인간적인 힘도 선교적인 대의와 같은 보조를 맞추지 못하는 그러한 상태로 사람들을 몰아넣는 게 불가능하므로 우리는 반선교적인 그리스도인이 되는 것은 불가능하다고 말할 수 있다. 선교를 향한 맥박은 우리 주 예수 그리스도의 심장 고동 소리이며, 이를 통해 교회의 온몸 구석구석으로 자기 생명력을 불어넣는다. 하나님의 사람들이 영위하는 영성생활은 그러한 심장 고동의 세기에 따라 융성하거나 쇠락하게 된다. 이러한 생명력이 멈출 때 죽음이 뒤따르게 된다. 반선교적인 그리스도인이 죽은 그리스도인인 것과 마찬가지로 반선교적인 교회도 죽은 교회이다.

하나님을 향한 거대한 운동을 가로막을 수 없을 때 사탄이 사용하는 가장 교활한 계략은 그 운동을 타락시키는 것이다. 만약 사탄이 그 운동을 가장 먼저 좌지우지할 수 있어서 그 운동의 영을 배후에서 조종할 수 있다면, 사탄은 그 운동을 물질주의로 전락시켜 철저히 타락하게 할 것이다. 이럴 때 오직 강력한 기도만이 물질주의로 흐르지 않도록 그 운동을 구해낼 수 있으며, 그 운동의 영을 더욱 강하게 통제할 수 있도록 지켜준다.

모든 선교의 성공 열쇠는 기도이다. 이 열쇠는 고국에 있는 교회들의 손에 들려 있다. 이방 나라들에서 우리 주님이 높이 들어 올리시는 트로피는 이국땅에서 탁월하게 일하는 전문사역자들이 아니라 무릎 꿇고 기도하는 중보자들이 쟁취할 것이다. 더욱 특별히 주목할 것은 이와 같은 성공이 고국에 있는 교회 중에서 기도하는 성도들을 통해 쟁취되리라는 점이다.

금식과 기도로 무릎 꿇는 고국의 교회는 이 같은 치열하고 최종적인 싸움에서 영적인 보급품, 전쟁 자금을 조달하여 승리의 축배를 들기 위한 거대한 기지이다. 재정적인 자원이란 이 싸움에서 실제로 사용되는 전쟁 자금을 말하는 게 아니다. 기계적인 조직 자체는 이방의 장벽을 무너뜨리고 효과적으로 문을 열어서 이방인의 마음을 그리스도께로 돌리는 데서 아무런 힘도 발휘하지 못한다. 오직 기도만이 그런 일을 수행할 수 있다.

　　아론과 훌이 모세를 통해 이스라엘에게 승리를 안겨주었던 것보다 오히려 예수 그리스도를 통해 기도하는 교회가 이방 나라들에 산재한 모든 전쟁터에서 더욱 확실하게 승리를 거두게 될 것이다. 이와 같은 사실은 고국에서만큼 선교현장에서도 마찬가지다. 기도하는 교회야말로 그 싸움에서 승리를 쟁취할 것이다. 고국의 교회가 선교사역을 시작하여 선교사를 후원하기 위해 단지 재정만을 지원할 때는 매우 보잘것없는 일을 이루어낼 수밖에 없다.

　　재정이 중요하기는 하지만 기도 없는 돈은 기독교를 모르는 나라에서 견고하게 자리 잡은 어둠과 황무함과 죄악들에 부딪쳤을 때 아무런 힘도 발휘하지 못한다. 기도 없는 베풂은 아무런 열매도 거두지 못하고 단지 서서히 죽어갈 뿐이다. 고국에서 그다지 기도하지 않는다면 그 결과로 이방 선교현장에서도 별다른 성과를 거두지 못하게 될 것이다. 기도 없이 나누어주는 것은 선교현장에서 온갖 위기 상황에 빠지는 이유 가운데 하나이며, 결국 선교위원회에 빚만

잔뜩 쌓여가게 할 것이다.

사람들에게 선교적인 대의에 자기 역량을 내놓도록 촉구하는 것은 매우 정당한 일이다. 그러나 사람들에게 그러한 운동을 위해 기도하도록 촉구하는 것은 그보다 훨씬 더 중요한 일이다. 오늘날 해외 선교에서는 돈의 힘보다는 기도의 힘이 훨씬 더 절실하게 필요하다. 기도는 심지어 선교적인 대의가 아무리 빈약할지라도 오히려 각종 어려움과 장애물을 뚫고 계속해서 전진하게 할 수 있다. 그러나 기도 없는 재정은 해외 선교현장에서 지독한 어둠과 죄악과 황망함에 부딪혔을 때 오히려 아무 소용도 없이 무기력해지게 만든다.

지금은 매우 특별한 선교의 시대이다. 개신교는 이방 나라들로 침투하는 전선에서 이전에는 전혀 보여주지 못했던 공격적인 모습으로 커다란 각성을 일으키고 있다. 선교운동은 소망을 일깨우고, 열정에 불을 붙이며, 비록 깊은 관심은 아닐지라도 가장 냉랭하고 가장 생명 없는 사람들의 조심스러운 관심을 강하게 요청할 정도로 널리 확산되어 왔다. 거의 모든 교회가 마치 전염병에 걸린 것처럼 선교운동에 동참하고 있으며, 이렇게 제안된 선교운동의 배가 순풍에 돛단 듯이 널리 퍼져나가고 있다.

그런데 여기에는 지금 당장의 선교운동이 선교적인 영의 인도를 훨씬 앞서 나갈지도 모른다는 위험성이 도사리고 있다. 이것은 언제나 교회의 위험요소로 자리 잡고 있었다. 이것은 본질을 잃어버린 그림자로, 정신을 잃어버린 겉껍데기로 전락하게 만드는 것이다. 이것은 마치 그럴듯하게 진행되는 것처럼 보이는 단순한 선교운동 자체에 만족하면서, 그 영이 아니라 겉으로 드러나는 운동에만 온 힘을 기울이게 만들 수 있다. 이 같은 운동의 장엄한 분위기는 그 운동의 내적인 영을 제대로 보지 못하도록 우리 눈을 가릴 수 있다. 그뿐만이 아니라 그 운동에 생명을 불어넣고 형세를 결정하는 영을 제대로 보지 못하도록 우리 눈을 가릴 수도 있다.

우리 가운데 적지 않은 사람이 기도의 절대적인 필요성을 강조하는 소리를 거의 들을 수 없는 곳에서도 선교를 위해 재정을 긴급히 투입해야 할 필요성을 강조하는 설득력 있고 진심 어린 조언을 수도 없이 들어왔다. 우리가 궁리해내는 온갖 계획과 장치와 책략들이 믿음을 촉진시키고 기도를 촉구하기 위한 목적이 아니라 모금이라는 단 한 가지 목적에 집중된 경우가 부지기수다. 교회 지도자들이 흔히 갖는 생각은 만약 우리에게 재정이 생긴다면 기도는 당연히 따라오게 될 것이라는 착각이다. 그러나 이와는 정반대가 현실이요, 사실이요, 진실이다. 만약 우리 교회가 기도하는 일에 매진하게 된다면, 그리하여 선교의 영에 확실히 붙잡히게 된다면 재정은 아주 당연히 따라오게 될 것이다.

영적인 활동력을 비롯하여 다른 모든 영적인 힘은 결코 당연히 따라오지 않는다. '당연히 따라오는' 법칙에 내맡겨진 영적인 의무와 영적인 요소들은 분명히 다 떨어져 나가서 죽어버리고 말 것이다. 오직 확실하게 강조되는 것만이 영적인 세계에서 살아남아 다스리게 될 것이다. 쉽사리 자선을 베푸는 기부자들은 반드시 기도하지는 않을 것이다. 우리 교회에서 흔히 볼 수 있는 많은 사람이 기도하지 않는 것으로 유명한 자유로운 기부자들이다. 오늘날 선교운동 가운데 나타나는 여러 가지 악들 가운데 하나가 바로 거기에 있다. 자선이나 기부 행위에서 기도가 아주 배제된다는 사실이다. 기도는 거의 주목을 받지 못하고 오직 자선이나 기부 행위 자체만이 두드러진다.

진정으로 기도하는 사람들은 자연스레 넉넉히 베풀도록 감동을 받게 된다. 기도함으로써 넉넉히 베푸는 영이 생겨난다. 기도하는 사람들은 자유롭게, 자기를 부인하는 태도로 베풀게 된다. 하나님을 만나러 골방으로 들어가는 사람은 또한 하나님을 위해 지갑을 열 것이다. 그러나 형식적으로 마지못해 이리저리 재어보면서 베푸는 것은 바로 그 기도의 영을 죽이고 마는 위선이다. 인정사정없는 법을 통해 영적인 것을 무시하고 물질적인 것을 강조하는 행위는 영적인 것을 뒤로 물러나게 하여 결국 제쳐놓게 할 것이다.

현대적인 신앙운동에서 돈이 얼마나 커다란 역할을 감당하고 있는지, 그리고 기도가 얼마나 조그만 역할을 감당하고 있는지 정말 놀라울 따름이다. 이 진술에 담긴 놀랍고 대조적인 현상을 바라보면서 초대 기독교에서 복음을 전파하는 요인으로서 돈이 얼마나 조그만 역할을 감당했는지, 기도가 얼마나 엄청난 역할을 감당했는지 가히 놀라울 정도이다.

베푸는 삶의 은혜가 골방에서처럼 더욱더 풍성하게 자라나도록 잘 배양되는 곳은 아무 데도 없다. 만약 각종 선교위원회와 기관들이 모두 기도하는 군대로 전환된다면, 그러니까 죽어가는 세상을 위해 참된 기도의 고통과 그리스도의 고난이 자신들에게 임하는 지점까지 나아간다면 부동산, 은행 주식, 국가 채권 따위는 그리스도의 복음을 전파하기 위해 이미 오래전부터 시장에 내다 팔았을 것이다.

만약 기도의 영이 만연하고 충만하다면 개별 회원들이 백만장자에 버금가는 각종 선교위원회가 엄청난 빚이라는 무거운 짐을 짊어지고서 휘청거리지 않아도 되었을 것이다. 대형 교회들이 해마다 적자에 허덕이지도, 얼마 되지도 않는 선교사들을 지원하기 위해 겨우 쥐꼬리만 한 액수를 보내면서도, 해마다 투덜대는 가운데 마지못해 등 떠밀리듯 커다란 부담을 느끼지도 않았을 것이다. 거기에 더해 선교사들 가운데 일부를 소환하는 문제를 둘러싸고 격론을 벌이는 부끄러운 상황도 벌어지지 않았을 것이다. 그리스도의 왕국이 계속 전진하는 것은 기부함에서가 아니라 그리스도의 기도 골방에서 더욱 확실히 보장된다.

선지자 이사야는 앞으로 수백 년 동안 일어날 일을 미리 내다보면서, 사람들 사이에 그리스도의 왕국이 든든히 세워질 때까지 기도를 계속하면서 하나님께 휴식을 드리지 않겠다는 자신의 목적을 이렇게 표현하고 있다. "나는 시온의 의가 빛같이, 예루살렘의 구원이 횃불같이 나타나도록 시온을 위하여 잠잠하지 아니하며 예루살렘을 위하여 쉬지 아니할 것인즉 이방 나라들이 네 공의를, 뭇 왕이 다 네 영광을 볼 것이요 너는 여호와의 입으로 정하실 새 이름으로 일컬음이 될 것이며 너는 또 여호와의 손의 아름다운 관, 네 하나님의 손의 왕관이 될 것이라. 다시는 너를 버림받은 자라 부르지 아니하며 다시는 네 땅을 황무지라 부르지 아니하고… 이는 여호와께서 너를 기뻐하실 것이며 네 땅이 결혼한 것처럼 될 것임이라. 마치 청년이 처녀와 결혼함같이 네 아들들이 너를 취하겠고 신랑이 신부를 기뻐함같이 네 하나님이 너를 기뻐하시리라. 예루살렘이여 내가 너의 성벽 위에 파수꾼을 세우고 그들로 하여금 주야로 계속 잠잠하지 않게 하였느니라. 너희 여호와로 기억하시게 하는 자들아 너희는 쉬지 말며 또 여호와께서 예루살렘을 세워 세상에서 찬송을 받게 하시기까지 그로 쉬지 못하시게 하라"(사 62:1-7).

이사야는 2절에서 그리스도의 교회가 최종적인 성공을 거둘 것이라고 예언하면서 "이방 나라들이 네 공의를, 뭇 왕이 다 네 영광을 볼 것이요 너는 여호와의 입으로 정하실 새 이름으로 일컬음이 될 것이라"라고 말하고 있다. 이어서 6~7절에서는 이 복음적인 예언자의 입을 통해 그리스도 자신이 직접 "예루살렘이여 내가 너의 성벽 위에 파수꾼을 세우고 그들로 하여금 주야로 계속 잠잠하지 않게 하였느니라. 너희 여호와로 기억하시게 하는 자들아 너희는 쉬지 말며 또 여호와께서 예루살렘을 세워 세상에서 찬송을 받게 하시기까지 그로 쉬지 못하시게 하라"고 선포하고 있다.

우리 성경의 행간에는 "주님이 기억하시는 너희"라고 기록되어 있다. 그러니까 여기에 내재된 개념은 이렇게 기도하는 사람들이 바로 주님이 기억하시는 자들, 주님이 약속하신 말씀을 통해 주님을 기억하는 자들, 하나님의 교회가 이 땅에 든든히 세워지기까지 하나님께 휴식을 드리지 않는 자들이라는 것이다. 그래서 주기도문을 구성하는 주도적인 간구 가운데 하나는 "주님의 나라가 임하시오며"라는 짧고 예리한 탄원이며, 이에 더하여 "아버지의 뜻이 하늘에서 이루어진 것같이 땅에서도 이루어지이다"(마 6:10 참조)는 말씀을 덧붙이면서 하나님의 나라를 세우고 복음을 진전시키는 이와 같은 문제를 다루고 있다.

초대교회의 선교운동은 금식과 기도의 분위기 속에서 탄생했다. 이방인들에게 그리스도 교회의 축복을 전해주는 광경을 그려보았던 바로 그 운동은 베드로가 지붕으로 기도하러 올라가 있던 때에 시작되었다. 거기서 하나님은 복음의 특권을 이방인들에게 더 널리 확대하고, 유대인과 이방인 사이를 가로막고 있는 장벽을 허물겠다는 그분의 목적을 베드로에게 보여주셨다.

그러나 더욱 구체적으로 바울과 바나바는 명확하게 부르심을 받았으며, 안디옥에 있는 선교현장으로 나아가기 위해 따로 택정함을 입었다. 이때 안디옥교회에서는 금식하며 기도하고 있었다. 바로 그 때 성령이 하늘로부터 응답하셨다.

"주를 섬겨 금식할 때에 성령이 이르시되 내가 불러 시키는 일을

위하여 바나바와 사울을 따로 세우라 하시니 이에 금식하며 기
도하고 두 사람에게 안수하여 보내니라"(행 13:2-3).

바울과 바나바를 국내 사역으로 부르신 게 아니라는 점에 주목
하기를 바란다. 오히려 매우 특별하게 해외 선교현장으로 명확하게
부르셨다는 뜻이다. 바울은 이보다 훨씬 전에, 심지어 회심하자마자
여러 해 동안 이미 사역현장으로 부르심을 받았었다. 그러나 이 같
은 해외 선교는 안디옥에 있는 교회의 특별하고도 지속적인 기도로
말미암아 생겨난 일로 그 이후에 부르심을 받았다. 하나님은 사람들
을 국내 사역으로 부르실 뿐만 아니라 해외 선교사로 부르시기도 한
다. 이러한 종류의 선교사들은 과거에도 선교현장에서 성공적으로
임무를 수행했으며, 장래에도 그와 같은 종류의 선교사들이 그 일을
감당할 것이다. 그렇지 않으면 세계 선교는 절대 마무리되지 않을
것이다.

그 일을 위해 필요한 사람은 기도하는 선교사이며, 그 선교사들
을 파송하는 기도하는 교회이다. 그것은 다름 아닌 약속된 성공에
대한 예언이다. 선교사들이 전하는 그런 종류의 신앙은 기도하는 종
류의 신앙이다. 이방 세계가 회심하게 되는 신앙은 기도하는 신앙,
참 하나님께 기도하는 신앙이다. 이방 세계는 이미 자기네 우상과
그릇된 신들에게 기도하고 있다. 그러나 이 이방인들은 기도하는 교
회를 통해 파송된 기도하는 선교사들에게 자기네 우상을 버리고, 예

수 그리스도의 이름을 부르기 시작하도록 가르침을 받아야 한다.

기도하지 않는 어떤 교회도 이방 나라들에 기도하는 신앙을 전수할 수 없다. 기도하지 않는 어떤 선교사도 탁월한 기도의 사람이 될 때까지는 하나님을 알지 못하는 이방의 우상 숭배자들이 참된 기도를 위해 무릎 꿇을 수 있도록 인도할 수 없다. 하나님의 일을 하기 위해 본국에서도 기도하는 사람들이 필요한 것과 마찬가지로, 여전히 어둠 가운데 처해 있는 사람들을 빛 가운데로 인도하기 위해서도 기도하는 선교사들이 더욱 절실히 필요하다.

가장 저명하고 가장 성공적인 선교사들은 탁월한 기도의 사람들이었다. 데이비드 리빙스턴, 윌리엄 테일러, 아도니람 저드슨, 헨리 마틴, 허드슨 테일러를 비롯한 많은 선교사는 수고를 아끼지 않았던 곳에서 여전히 깊은 인상과 영향력이 남아 있는 걸출한 기도의 군대를 이루고 있다. 기도하지 않는 어떤 사람도 이 일에 부합하지 않는다.

다른 무엇보다도 먼저 모든 선교사의 일차적인 자질은 기도이다. 다른 무엇보다도 먼저 그 선교사가 기도의 사람이 되어야 한다. 그리하여 면류관을 받는 날이 임하여 대 심판이 있는 날에 작성된 기록이 읽힐 때 이방 세계의 힘겨운 현장에서 기도하는 선교사들이 얼마나 일을 잘 감당했는지, 그 선교사들 때문에 기독교의 기초가 선교현장에 얼마나 든든히 놓였는지 밝히 드러나게 될 것이다. 그렇기에 복음에 전 세계적인 능력을 부여하는 단 하나의 유일한 조건은 기도이며, 이 복음을 전파하는 것 역시 기도에 달려 있다. 그 모든 악의에 찬 강력한 대적들을 놀라운 속력으로 이겨내는 권세를 부여하는 에너지도 역시 기도의 에너지다.

예수 그리스도의 왕국에 걸려 있는 운명은 대적들의 연약함 때문에 달라지는 게 아니다. 그 대적들은 강력하고 맹렬하며, 지금까지 언제나 강력했으며, 앞으로도 영원토록 그럴 것이다. 그러나 강력한 기도, 이것이야말로 예수 그리스도로 하여금 그분의 왕국을 완전하게 소유할 수 있도록 도와주며, 그분의 기업으로서 이방 나라를, 그분의 소유로서 온 땅 가운데 가장 넓은 영토를 예수 그리스도께 안전하게 확보해 드릴 수 있도록 도와주는 유일하고도 거대한 영적인 힘이다.

예수 그리스도로 하여금 쇠막대기로 대적들을 깨부술 수 있도록, 이러한 대적들의 교만과 권세를 뒤흔들 수 있도록 도와주는 것은 바로 기도이다. 오직 기도가 있어야지만 그 대적들은 단지 부서지기 쉬운 질그릇처럼 그분의 강한 손을 한 번만 휘둘러도 산산조각이 날 것이다. 기도할 수 있는 사람은 그리스도께서 이 세상에 소유하고 계신 가장 강력한 도구이다. 기도하는 교회는 모든 지옥문보다 더 강력하다.

하나님이 그 아들의 나라에 대한 영광을 선포하시는 것 역시 그 나라가 이루어지도록 간절히 구하는 기도에 달려 있다.

"내게 구하라. 내가 이방 나라를 네 유업으로 주리니 네 소유가 땅끝까지 이르리로다. 네가 철장으로 그들을 깨뜨림이여 질그릇 같이 부수리라 하시도다"(시 2:8-9).

하나님 아버지는 기도를 통하지 않고서는 그 아들에게 아무것도 허락하지 않으신다. 그리고 교회가 동참한 선교사역에서 더 많은 열매를 거두지 못하는 이유는 바로 이런 기도의 부족 때문이다.

"너희는 욕심을 내어도 얻지 못하여 살인하며 시기하여도 능히 취하지 못하므로 다투고 싸우는도다. 너희가 얻지 못함은 구하지 아니하기 때문이요 구하여도 받지 못함은 정욕으로 쓰려고 잘못 구하기 때문이라"(약 4:2-3).

종말의 때까지, 온 세상이 복음화되기까지 그리스도의 재림을 예고하는 온갖 섭리는 이러한 지속적인 준비, 하나님의 선포, 하나님의 약속들, 그리고 기도에 달려 있다. 거리나 시간상으로 그 승리의 날이 아무리 멀리 떨어져 있을지라도, 아무리 어슴푸레하게 아득히 멀어 보일지라도 기도는 그와 같은 섭리가 강하고 전형적이며 대표적으로 나타나기 위한 본질적인 조건이다. 이스라엘 백성들 가운데 으뜸이자 하나님의 친구인 아브라함으로부터 오늘날과 같은 성령의 시대에 이르기까지 이것은 언제나 사실이다.

열방이 부른다! 이 바다 끝에서 저 바다 끝까지.

떨리는 목소리로 커다란 외침이 저 멀리 퍼져나간다.

혹시 이 소리를 듣는다면

그리스도인들이여, 어서 이리로 오라.

우리가 죽기 전에 얼른 와서 우리를 도우라.

오 주님, 우리의 심령은 그 부르는 소리를 느끼고 있나이다.

우리의 손과 우리의 마음이 하나로 힘을 합치게 하소서.

그리하여 세상의 호소에 응답하게 하소서.

당신의 것을 그 사람들에게 베풀어줌으로써 말입니다.

해외 선교현장에서 일꾼들을 확보하기 위한 주님의 계획은 말씀 설교자를 얻기 위해 착수하신 것과 같은 계획이다. 그것은 기도의 과정을 통해서 이루어진다. 그것은 온갖 인위적인 계획과는 확연히 구분되는 기도에 기초한 계획이다. 이러한 선교 사역자들은 '보냄을 받은 사람들' 임에 틀림없다. 하나님이 그 사람들을 보내셨음이 틀림 없다. 그 사람들은 이 위대한 일에 하나님의 부르심을 받은, 신적으로 감동을 입은 사람들이다. 그 사람들은 이 세상이라는 추수 밭으로 들어가 하늘 곳간으로 곡식 단을 모으도록 내적으로 깊은 감동을 받은 사람들이다.

사람들이 말씀을 선포하는 자를 선별하는 게 아닌 것과 마찬가지로 선교사를 선별하는 것 역시 그런 게 아니다. 오직 하나님께서 교회의 기도에 응답하여 추수할 일꾼들을 들판으로 보내시는 것이다. 여기에 예수님이 착수하신 거룩한 하나님의 계획이 제시되어 있다.

"예수께서 모든 도시와 마을에 두루 다니사 그들의 회당에서 가르치시며 천국 복음을 전파하시며 모든 병과 모든 약한 것을 고치시니라. 무리를 보시고 불쌍히 여기시니 이는 그들이 목자 없는 양과 같이 고생하며 기진함이라. 이에 제자들에게 이르시되 추수할 것은 많되 일꾼이 적으니 그러므로 추수하는 주인에게 청하여 추수할 일꾼들을 보내주소서 하라 하시니라"(마 9:35-38).

기도하는 것은 고국 교회가 감당해야 하는 일이다. 일꾼을 불러서 파송하는 것은 주님의 일이다. 우리 주님은 기도하는 일을 감당하지 않으신다. 교회는 부르는 일을 감당하지 않는다. 그리고 목자 없는 양처럼 악한 세력들에게 그대로 노출되어 피곤함에 지치고 배고픈 채로 이리저리 흩어져 있는 무리를 보시고 우리 주님이 커다란 연민을 일으키신 것처럼, 교회도 지친 영혼으로 어둠 가운데 비참하게 죄를 지으면서 죽어가는 무리를 연민의 눈으로 바라보아야 한다. 그때 우리는 추수하시는 하나님께 추수할 일꾼들을 들판으로 보내달라고 기도하기 시작할 것이다.

다른 사역자와 마찬가지로 선교사도 기도하는 사람으로 태어나야 한다. 기도하는 교회는 세상이라는 밭으로 보낼 일꾼들을 낳게 된다. 선교사들이 부족하다는 것은 기도하지 않는 교회임을 입증하는 셈이다. 해외 선교현장으로 훈련된 선교사들을 파송하는 일은 대단히 옳은 일이기는 하지만, 다른 무엇보다 먼저 그 선교사들은 하나님께 보냄을 받아야 한다. 그와 같은 파송은 기도의 열매이다. 기도하는 사람들이 그 선교사들을 보내는 일을 감당하듯이 차례로 일꾼들은 기도하는 사람이 되어야 한다. 이러한 기도하는 선교사의 가장 중요한 사명은 기도하지 않는 이방인들을 기도하는 사람으로 회심시키는 것이다. 기도는 그 선교사의 부르심, 하나님의 신임장, 선교사역에 대한 증거이다.

고국에서 기도하는 사람이 아니었던 선교사는 해외에서 선교 사역자가 되기 위한 적합성에서 한 가지를 더 갖출 필요가 있다. 고국에 있는 죄인들에 대해 아무런 감동도 받지 못하는 영을 소유한 선교사는 해외에 있는 죄인들에 대해서도 거의 아무런 연민을 느끼지 못하는 영을 소유하고 있을 것이다. 그러므로 선교사들은 고국에서 실패한 사람들로 구성되어서는 안 된다.

해외에서 기도의 사람이 되려고 하는 선교사는 다른 무엇보다 먼저 고국 교회에서 기도의 사람이 되어야 한다. 만약 고국에서 죄인들이 기도하지 않는 삶에서 돌이키도록 하는 데 적극적으로 동참하지 않았다면, 그 사람은 이방인들이 기도하지 않는 삶의 양식에서 돌이키도록 하는 데 거의 성공하지 못할 것이다. 다시 말해 본국 사역자가 되는 데 필요한 영적인 자질과 해외 선교 사역자가 되는 데 필요한 영적인 자질은 거의 같다는 의미이다.

교회의 기도에 응답하여 하나님은 자신의 방식으로 사람들을 추수할 들판으로 부르신다. 선교위원회와 각 교회가 그와 같은 근본적인 사실을 무시하고 하나님과는 상관없이 자기들이 고른 사람들을 보낸다면 그건 매우 슬픈 일이 될 것이다.

추수할 곳이 많은가? 그런데 추수할 일꾼들은 적은가? 그렇다면 "추수하는 주인에게 청하여 추수할 일꾼들을 보내주소서"(마 9:38)라고 기도하라. "오, 거대한 기도의 물결이 이 땅에서 절실히 추수가 필요한 들판으로 거대한 일꾼의 군대를 보내달라고 하나님께 간구하는 교회들을 휩쓸게 하소서!" 아무리 많은 일꾼을 보내서 추수할 들판을 가득 메운다고 할지라도 하나님께는 아무런 부담이 되지 않는다. 우리를 부르신 하나님이 보내는 그 사람들을 지원할 모든 수단을 제공하실 것이기 때문이다.

현대 선교운동에서 가장 절실하게 필요한 것은 중보 기도자들이다. 중보자들은 이사야 시대에도 흔하지 않았던 모양이다. 그래서 이사야는 이렇게 불평하였다. "압박받는 사람을 도우려는 사람이 없음을 보시고 중재자가 없음을 보시고 주님께서는 놀라셨다. 주님께서는 직접 억압받는 사람들을 구원하시려고 반드시 공의를 이루시려고 당신의 능력을 친히 발휘하실 것이다"(사 59:16, 새번역).

그와 마찬가지로 오늘날에도 중보 기도자들은 엄청나게 필요하다. 먼저 복음을 모르는 수많은 사람을 향해 그리스도와 같은 연민을 품고, 이 땅에서 절실히 추수가 필요한 현장을 위해 기도하며, 그 다음으로 이 땅에서 추수할 일꾼이 절실히 필요한 현장으로 하나님이 보내시는 사역자들을 위해 기도하는 중보 기도자들 말이다.

여기에 수록된 기도문은 도서출판 브니엘에서 발간한
기도 관련 책들에서 발췌한 기도문입니다.
일상에서, 교회에서 하나님의 은혜를 나누고자 하는
간절한 마음에 특별수록했습니다.

일상과 교회에서
드리는
상황별 기도문

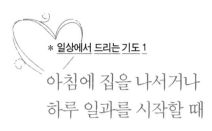

아침에 집을 나서거나
하루 일과를 시작할 때

처음과 나중이 되시는 하나님!
오늘도 하나님의 사랑으로
하루를 시작하게 하심을 감사드립니다.
하루의 생활이 주님의 인도하심을 따라 살게 하옵소서.
저의 길을 인도하시는 분은 오직 주님이심을 믿으면서
최선을 다하며 살게 하옵소서.

오늘 만나는 사람들에게 복을 내려주셔서
하나님의 영광을 드러내게 하옵소서.
오늘 계획된 일을 저의 생각이 아니라
주님이 원하시는 대로 진행하게 하시고
주님이 하시는 일을 그대로
받아들일 수 있는 마음을 허락하소서.

말로 인해 다른 사람에게 상처를 주지 않도록
저의 혀에 재갈을 물려주시고

"아니요!"라고 해야 할 때 "아니요!" 하며
"예!"라고 해야 할 때 "예!" 할 수 있는 용기를 주옵소서.

주어진 일을 할 때마다
사람 앞에서가 아니라
하나님 앞에서 하게 하옵소서.
어려움이 닥칠 때마다 상황을 보지 말고
약속의 주님을 의지하고
담대히 나아가도록 도와주옵소서.
예수님의 이름으로 기도드립니다. 아멘.

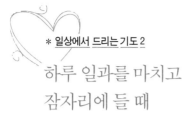
하루 일과를 마치고
잠자리에 들 때

처음과 나중이 되시는 하나님!
오늘도 하루를 무사히 마칠 수 있도록
인도하심을 감사합니다.
오늘 하루의 일과 중에서 힘들었던 것은
저를 연단하시기 위한 주님의 사랑임을 깨닫게 하시고
오늘 하루의 일과 중에서 좋았던 것은
저를 무한히 사랑하시는
하나님의 손길임을 느끼게 하소서.

오늘 하루의 일과 중에서 미진한 것은
앞으로 더 좋은 하나님의 계획이
준비되어 있음을 믿게 하옵소서.
주님이 준비하신 새로운 미래를 꿈꾸며
오늘도 잠자리에 들게 하시고
꿈속에서도 계속 주님과 만나게 하옵소서.

잠을 자는 동안에도
평안히 잘 수 있도록 도와주시고
하루의 피로를 회복하는
아름다운 쉼의 시간이 되게 하옵소서.

잠자리에 드는 이 시간이
주님과 영원한 쉼을 얻는
시간의 모형임을 알게 하시고
그것을 훈련하고 늘 준비하게 하옵소서.

주님이 준비하신 영원한 영생의 잠을 자는 그날까지
하루하루에 충실해 후회 없는 삶을 살도록
오늘 이 밤을 축복하옵소서.
예수님의 이름으로 기도드립니다. 아멘.

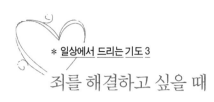

죄를 해결하고 싶을 때

구원과 용서의 주님!

가장 무서운 죄에서 용서받게 하심을 감사합니다.

나의 힘으로 해결할 수 없는 죄를

주님이 십자가에 죽으심으로

우리에게 죄 용서받는 길을 열어주신

주님의 은혜를 찬양합니다.

주님의 죽으심이 아니었으면 인간의 죄에 대한 문제는

영원한 미해결로 남을 수밖에 없는

인간의 불행이었음을 고백합니다.

오늘도 여전히 죄인으로서 살지만

주님의 은혜로 죄에서 자유롭게 하심을 감사합니다.

모든 인간의 문제가 죄 때문임을 알고

어려움을 당하고 수고로운 삶을 살아갈 때마다

인간의 죄를 알게 하소서.

인간을 힘들게 하는 죄를 미워하고

죄를 멀리하게 하소서.

내 안에 죄가 있음을 인식하여

날마다 하나님의 은혜를 사모하게 하시고
그 믿음으로 죄에서 벗어나게 하소서.
사람과의 만남을 축복해주시고
더는 죄가 자리 잡지 않도록
주님의 말씀으로 채워주소서.
인간의 생각이 모든 것을 결정하지 말게 하시고
하나님의 진리의 말씀으로
우리의 생각과 행동을 다스리게 하소서.
하나님을 떠난 순간 죄가 우리를 지배함을 믿으며
하나님의 생각으로 우리 안에 가득하게 하소서.
사람과 만나서 교제할 때마다
주님의 생각이 우선이 되게 하시고
기도하면서 주님의 뜻을
먼저 분별할 수 있는 은혜를 주옵소서.
말씀이 우리 안에 풍성하게 거하게 하시어
그 말씀으로 죄악을 이기게 하시고
세상을 사랑하고 자기중심으로 나아가는
악한 본성을 다스려 주옵소서.
예수님의 이름으로 기도드립니다. 아멘.

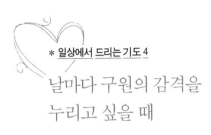

날마다 구원의 감격을
누리고 싶을 때

사랑과 구원의 주님!
우리에게 구원을 주신 주님의 은혜를 찬양합니다.
구원받은 자녀로서 하루를 살게 하심을 감사드립니다.
매 순간 잊어버리기 쉬운 구원의 은혜에 감사하게 하시고
구원받은 힘으로 모든 것을 행하게 하소서.

구원받은 것이 얼마나 행복하며
최고의 축복인지 인식하여 자랑하게 하시고
그것을 삶에서 즐기게 하소서.
구원받은 사람을 주시어 서로 사랑하게 하시고
구원받은 자녀로서 교제하게 하심을 감사드립니다.
모든 출발이 하나님의 구원에서 이루어짐을 알게 하시고
구원의 능력으로 세상에서 승리하는 삶을 살게 하소서.

매 순간 이미 받은 구원을 즐거워하며
구원을 이루어가는 성숙된 삶으로 인도하소서.

우리의 만남이 온전한 구원을 이루는 데 방해가 되지 말고
오히려 그 구원을 이루는 데 사용되게 하소서.

한 번 받은 나의 구원에 만족하지 말고
아직도 구원에 이르지 못한 주위 사람들에게
구원의 복음을 전하게 하시고
구원의 은혜를 나누어주는 데 우리의 만남이 쓰이게 하소서.

구원받을 자격이 없는 우리를 구원해주신
주님의 사랑으로 이웃을 바라보게 하시고
사랑하는 사람을 바라보게 하여
늘 겸손함으로 생활하게 하소서.
구원받은 자의 아름다움을 세상에 드러내게 하시어
주님의 영광을 나타내소서.
예수님의 이름으로 기도드립니다. 아멘.

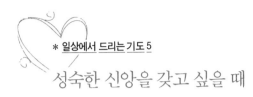

성숙한 신앙을 갖고 싶을 때

사랑의 주님!
우리의 신앙이 어린이 신앙에 머물지 말게 하시고
날마다 신앙이 성숙해가게 하옵소서.

나 중심의 신앙에서 이웃 중심으로
세상 중심에서 하나님 나라 중심으로
물질 중심에서 영혼 중심으로
일시적인 것에서 영원한 것으로
변하는 것에서 변하지 않는 것으로
보이는 것에서 보이지 않는 것으로
높은 자리를 구하기보다는 낮은 자리를 구하는 것으로
자기를 드러내는 것에서 자기를 희생하는 것으로
으뜸이 되는 것보다는 종이 되는 것으로
섬김을 받기보다는 섬기는 삶으로
한 번에 많은 것을 하기보다는
한 번에 하나씩 하는 마음으로 성숙하게 하소서.

성숙 없는 성장을 꿈꾸기보다는
성숙 있는 성장을 바라게 하시고
하나라도 더 얻으면서 즐거워하기보다는
하나라도 더 나누어주면서 행복해 하는 삶을 살게 하소서.
성숙을 위해서 훈련을 중요하게 생각하며
지치지 않고 꾸준한 인내를 가지고
하나님의 연단을 잘 감당하게 하소서.

과정을 뛰어 넘은 빠른 결과를 이루기보다는
충분한 과정을 통하여 성장과 성숙을 이루게 하소서.
성숙을 위해 아픔은 필연적임을 알게 하시고
감당 못하는 시험을 주시지 않는 하나님을 신뢰하며
주신 시련을 하나님이 주신 성숙의 기회로 삼게 하소서.
그리스도의 장성한 분량에까지 성숙한 경지에 이르게 하소서.
예수님의 이름으로 기도드립니다. 아멘.

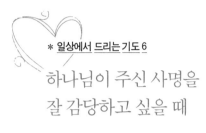

하나님이 주신 사명을
잘 감당하고 싶을 때

우리를 구원하러 오신 주님!
주님은 오직 자기의 뜻이 아닌
하나님의 뜻을 이루기 위해 세상에 오셨습니다.
그것이 주님의 사명임을 아시고
죽기까지 하나님에 대해서 충성하셨고
오직 말씀에 응하기 위하여 모든 것을 바치셨습니다.
이런 주님을 본받게 하소서.

자기를 위한 사명이 되지 말게 하시고
주님을 위한 사명이 되게 하소서.
나의 뜻이 아닌 하나님의 뜻을
내 생각이 아닌 주님의 약속을 이루게 하소서.
내가 만든 사명이 아닌 하나님이 주신 사명을 찾게 하시고
그 사명에 목숨을 던지는 믿음을 주소서.
하나님의 사명을 이루기까지는
하나님이 지켜주신다는 사실을 믿고

주어진 일에 소명감을 가지고 충실하게 사명을 감당하게 하소서.
큰 것만 보지 말고 작은 것도 보게 하시고
나타나는 것만이 아닌 나타나지 않는 것도 보게 하시고
이익만이 아닌 손해 보는 것도 찾게 하소서.

우리의 만남이 하나님의 사명을 이루는 것이 되게 하시고
나의 목적을 위해서가 아닌
하나님의 소명을 이루는 교제가 되게 하소서.
어려운 일이 닥쳐도 주신 소명을 끝까지 이루게 하시고
내가 사명을 이루는 것이 아닌
내 안에 그리스도께서 사명을 이루는 주체이심을 믿게 하소서.
사명을 이룰 때 나의 힘을 의지하기보다는
사명을 주신 주님의 힘을 의지하게 하소서.

나를 위해서가 아닌
전적으로 주님을 위해서 사명이 이루어지게 하시고
사명을 통하여 나의 이름보다는
주님의 이름이 드러나게 하소서.
사명을 통하여 감사하며 즐거워하게 하시고
그것에 하루의 의미를 찾게 하소서.
예수님의 이름으로 기도드립니다. 아멘.

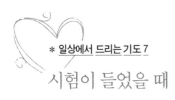

시험이 들었을 때

사랑의 주님!
제가 생활 속에서 시험이 들었습니다.
저를 도와주소서.
시험은 다른 사람이 아닌
나의 욕심에서 나오는 것이라 하셨사오니
그것을 깨닫는 은혜를 주소서.

시험을 통하여 남의 허물보다는
나의 허물을 보는 기회로 삼게 하시고
나에게 있는 서운한 감정을 없애주소서.
시험에서 하루 빨리 벗어나게 하시고
오랫동안 지체되지 않게 도와주소서.
시험 속에서 유혹하는 사탄의 소리에
귀를 기울이지 말게 하시고
성령의 세미한 음성을 들어 순종하여
오히려 시험 중에서 축복을 받는 사람이 되게 하소서.

시험을 사람이 준다고 생각하지 말고
주님은 감당하지 못할 시험을
허락하시지 않는다는 말씀을 기억하여
시험 때문에 시험 드는 일이 없도록 도와주소서.

시험은 하나님께 나아가는 성숙을 위해 주시는
축복임을 알게 하시고
시험을 통하여 새로운 비전을 품게 하소서.
예수님의 이름으로 기도드립니다. 아멘.

서로 하나 되게 하소서

가정을 창조하신 하나님!
처음 가정을 만드신 하나님을 찬양합니다.
아담을 창조하시고 돕는 배필로 여자를 창조하신
하나님의 뜻을 묵상하게 하소서.
처음 가정을 만드신 하나님의 뜻을 따라
가정을 세우게 하소서.

남편을 주신 것에 감사합니다.
하나님이 만나게 해주신 은혜를 소중하게 여기며
서로 사랑하며 섬기게 하시고
남편을 돕는 배필의 역할을 잘 감당하게 하소서.
무엇보다 하나님의 약속을 믿고 따르는 데
좋은 동역자가 되게 하소서.
"내 뼈 중의 뼈요 내 살 중의 살이라"고 고백한 아담의 말처럼
서로 하나 되는 마음과 한몸 된 부부가 되게 하소서.

말씀과 기도로 하나 되어 늘 하나님의 뜻을 분별하여

말씀이 이끌어가는 가정이 되게 하소서.
부부간에 경쟁하는 것이 아닌
하나님의 뜻에 순복하는 동행자가 되게 하소서.
가정을 에덴동산처럼 만들어가게 하시고
악한 사탄이 들어오지 못하게 하소서.
가정을 파괴하는 작은 여우를 조심하고
겸손을 잃지 않는 부부가 되게 하소서.

부부의 하나 됨을 이루는 데 앞장서게 하시고
그 속에서 주님의 이름이 드러나는 거룩한 가정이 되게 하소서.
안식을 누리는 가정이 되게 하시고
가정 안식일을 실천하여
하나님의 복이 임하는 가정으로 만들어가게 하소서.
가정을 주신 것은 하나님의 영광을 드러내기 위한 것임을 알고
진리로 가정을 세우게 하소서.
예수님의 이름으로 기도합니다. 아멘.

성령님을 의지하며
건강히 살게 하소서

능력의 하나님!

하나님을 사랑하는 ＿＿를 위해서 간절히 기도합니다.

지금 육신의 아픔과 연약함 때문에

많은 고통을 당하고 있습니다.

내 마음을 내 뜻대로 하지 못하고 힘이 약해졌습니다.

나도 모르게 육신의 지배를 받아 힘들어하고 있습니다.

생각하지 말아야 할 생각을 자꾸 하게 되고

하지 말아야 할 행동을 무의식중에 하게 됩니다.

주님, 간절히 원하옵기는 ＿＿를 불쌍히 여겨주옵소서.

내 힘으로 안 되오니 주여, ＿＿를 도와주소서.

혼자 내버려두지 마시고 내주하시는 성령님이 이끌어주소서.

그래서 육신의 아픔과 연약함을 이기게 하소서.

부정적이고 연약한 생각을 하지 말게 하시고

긍정적이고 힘을 얻는 생각으로 승리하게 하소서.

주님, 먼저 ＿＿가 하나님을 향하여 마음을 두고

하나님의 영광을 위해 살기를 원하는 간절한 마음을 주소서.

첫사랑을 다시 회복하게 하시고 복음의 열정을 일깨워주소서.

하나님 안에서 삶의 의미와 목적을 찾게 하시고

그것으로 그의 삶을 이끌어주소서.

아브라함이 약속을 받고 갈대아 우르를 떠나

가나안 땅에 갈 수 있었던 것처럼

____에게도 인생의 목표와 의미를 찾게 하시고

그것에 인생을 올인하면서 하루하루를 즐겁게 살게 하소서.

하나님에 대한 감사와 가쁨을 갖게 하시고

하나님이 자기와 동행하신다는 확신을 갖게 하소서.

습관처럼 주님에 대한 열망을 갖게 하시고

그것이 ____의 삶을 이끌어가게 하소서.

그렇게 되면 언젠가는 육신의 연약함이 사라지게 될 줄로 믿습니다.

또한 그것이 해결되면 모든 것이 정상으로 돌아와

모든 것에서 웃음과 평안이 넘칠 줄 믿습니다.

희망을 품고 하나님에게서 방법을 찾게 하시고

영적인 즐거움을 느끼게 하소서.

예수님의 이름으로 기도합니다. 아멘.

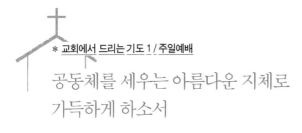

공동체를 세우는 아름다운 지체로
가득하게 하소서

✷ 감사와 회개

사탄의 권세에 속한 인생을 부르셔서 하나님의 백성으로 삼으시고, 어둠의 나라에서 사랑의 아들의 나라로 옮겨주신 하나님을 찬양합니다. 우리 시선의 초점을 치유하셔서 새로운 영적인 세계를 바라보게 하시고, 십자가에 죽으셨지만 부활하심으로 승리하셨던 주님에게 더 집중할 수 있는 은혜 주심을 감사합니다.

우리 모두 소망이 없던 자였는데, 그리스도 안에서 새로운 피조물로 재창조되어 참된 소망을 갖고 살아가는 희망의 사람이 되었지만 그렇게 살지 못했음을 자백합니다. 새로운 피조물이 되었으니 십자가를 품은 따뜻한 가슴으로, 십자가로 씻음 받은 눈으로, 십자가의 보혈이 묻어 있는 입술로 십자가 복음을 전하고, 이웃을 축복하며 살아가게 하옵소서.

✷ 아름다운 공동체를 세워가게 하소서

한 사람 한 사람을 십자가의 보혈로 씻어주셔서 그리스도의 보혈로 사신 교회가 한 몸을 이루게 하심을 감사합니다. 어떤 상황에서도 우리가 한 몸임을 잊지 않게 하시고, 한 몸을 이루기 위해 함께 힘쓰는 영성 깊은 공동체가 되게 해주옵소서. 사랑하는 주님, 우리 교회가 교회의 머리가 되신 주님만을 주인으로 모시고, 전적으로 주님의 통치를 받게 하시고, 사람이 주인이 되려고 하지 않게 해주옵소서. 사람의 목소리는 낮아지고, 성령님의 목소리가 커지게 하시고, 인간의 욕망에 이끌리지 않게 성령님의 소욕으로 이끌어주소서.

주님의 마음을 구하고, 주님의 기쁨을 추구함으로 사랑과 행복이 가득한 공동체가 되게 하시고, 초대 예루살렘교회처럼 사도의 가르침 아래 오로지 찬송과 기도에 힘쓰는 교회가 되게 하시고, 개인적인 이기주의에 사로잡히지 않고 물욕을 뛰어넘은 사람에게 가치를 둠으로 서로 나누고 돌아볼 수 있는 공동체가 되게 하소서. 모이면 기도하고, 흩어지면 전도하는 능력 있는 교회로 발돋움할 수 있도록 성령 충만과 권능을 주옵소서.

＊ 아름다운 지체 의식을 갖게 하소서

다양한 환경과 특성을 가진 사람들을 불러 그리스도의 십자가 아래 한 지체로 불러주신 주님, 우리 모두의 공통분모가 예수 그리스도가 되게 하시니 감사합니다. 그리스도의 피로 거룩하고 성결하게 된 우리 모두가 이기심과 욕망을 버리고 다툼과 분열이 없는 공동체로 세워나가는 데 온 힘을 모으게 해주옵소서. 공동체보다 내가 앞서지 않게 하시고, 나 때문에 다른 사람을 희생시키지 않는 성숙한 성도와 공동체가 되게 해주옵소서.

아름다운 마음으로 불러주신 주님, 성령으로 새롭게 변화된 마음이 죄로 오염되지 않게 하시고, 성령으로 하나 되게 하신 공동체가 세상을 향해 보여줄 그 무엇을 소유하게 하옵소서. 이웃의 짐이 되는 교회가 아니라 힘이 되는 교회가 되게 하시고, 세상이 근심하는 교회가 아니라 세상을 근심하는 교회가 되게 하시며, 지탄의 대상이 아니라 이웃에게 감동을 주는 공동체가 되게 하소서. 그러기 위해 모든 직분자가 하나 되게 하시고, 걸림돌이 아닌 디딤돌로 살아가게 하시며, 독이 아닌 약으로서의 사명을 감당하게 하셔서 지역 사회에 선한 영향력을 끼치는 공동체가 되게 하소서. 서로가 아름다운 지체가 되어 서로 격려하고 위로하고 세워주게 하시고, '내'가 존재함으로 '너'가 행복해지고, 천국의 모델 하우스에서 '우리'로 살아가게 해주옵소서.

하늘과 땅의 모든 권세를 가지신 예수님의 이름으로 기도드립니다. 아멘.

부흥을 갈망하고,
영적 자부심을 갖고 살게 하소서

✳ 찬양과 회개

병상에서 우리를 붙드시고 누워 있을 때마다 고쳐주시는 여호와여! 우리 영혼을 하나님께로 들 수 있게 하심을 감사합니다. 여호와의 은총이 우리를 살리사 빛을 보게 하셨고, 주님의 긍휼이 우리를 하나님의 영광 앞으로 인도하시니 감사합니다. 쉼 없이 내려주시는 하나님의 큰 사랑을 받으면서도 감사하며 살지 못했던 저희를 불쌍히 여기사 예배 가운데 임재하시는 하나님께서 우리의 영적인 침체를 새롭게 해주옵소서.

✳ 부흥을 위하여

에스겔 골짜기의 마른 뼈를 살리신 주님, 이 수년 내에 우리에게 부흥을 주옵소서. 아무런 생기도 찾아볼 수 없는 마른 뼈에게 생명을 불어넣으시고 흩어진 뼈들을 맞추시고 살을 입히신 주께서 지치고 상한 우리 삶에 영적인 기운을 불어넣어 주옵소서. 안식과 기쁨이 없는 영혼에 하나님으로 인한 감사와 기쁨이 넘쳐나게 하시고, 어려운 성도들과 교회의 경제에 활력을 불어넣으시며, 하나님의 일에 대한 꺼지지 않는 열정을 주옵소서.

영원 전부터 말씀으로 계셔서 우리 가운데 육신을 입고 오신 주님, 우리에게 여호와의 말씀에 대한 사모함을 주옵소서. 주님의 말씀이 우리 마음과 영혼을 만질 때 우리 안에 거짓된 영이 물러나고 거룩한 영으로 충만하게 하옵소서. 살아 있어 심령과 골수를 쪼개어 수술하시는 하나님 말씀이 우리의 양심을 만지사 회개의 영으로 충만하게 하옵소서. 회개하는 마음을 하나님의 마음으로 충만히 채워주시고, 하나님의 마음으로 세상을 살아가는 참 믿음의 열매를 허락해 주옵소서.

하나님! 우리 모두가 하나님이 일으키시는 부흥의 밑거름이 되게 해주옵소서. 우리의 의를 내려놓게 하시고, 우리의 완고한 마음을 뉘우치게 하시고, 우리가 가진 악함을 토설하게 하시며, 하나님이 주도하시는 거룩한 일에 복종하게 하옵소서. 우리를 복음의 도구로 삼으사 우리 교회에 주께서 더하시는 사람이 날마다 늘어나게 해주옵소서.

✻ 영적 자부심을 갖기 위하여

주의 이름을 부르는 자에게 구원을 주시는 주님, 진노의 자식이었던 저희가 하나님의 자녀가 되어 하늘에 대한 비전을 갖게 하신 것을 감사합니다. 이 땅에 살지만 이 땅을 소유한 자가 아니라 천국을 소유한 자로 살게 하시니 감사합니다. 우리에게 영원한 하늘나라를 유업으로 주신 주님, 우리로 하여금 땅의 것을 바라보는 자가 아니라 하늘의 것을 바라보며 살게 해주옵소서.

비록 가진 것은 없지만 하나님으로 인하여 부함을 알게 해주옵소서. 세상 사람이 가진 것을 갖지 못했다고 기죽거나 주눅 들지 않게 하시고, 하나님과의 풍성한 교제를 통해 참 기쁨과 평안을 누리게 해주옵소서. 세상에 대하여 가난할지라도 하나님께 대하여는 부요한 삶을 살게 해주옵소서. 세상의 가치관을 넘어 거룩한 가치관을 갖게 하시고, 세상의 자부심을 넘어 영적 자부심을 갖고 살게 해주옵소서. 우리를 살리는 것은 하나님 말씀입니다. 이 시간도 말씀을 맡은 주의 종에게 성령의 권세를 더하시고 권능을 입혀주셔서 말씀을 선포할 때 우리는 아멘으로 응답하게 하옵소서.

말씀이 육신이 되어 이 땅에 오셨던 예수님의 이름으로 기도드립니다. 아멘.

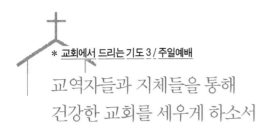

교역자들과 지체들을 통해
건강한 교회를 세우게 하소서

✱ 찬양과 회개

맑은 하늘과 아름다운 자연을 선물로 주신 하나님, 하나님이 만드신 세계를 통해 하나님의 오묘한 솜씨를 느끼게 하시니 감사합니다. 하나님이 주신 풍요로운 자연과 아름다운 결실을 통해 우리 삶을 만족하게 하시니 감사합니다. 모든 것을 아끼지 않고 우리를 위해 내어주시는 하나님께서 영광과 찬양을 받아주옵소서. 하나님으로부터 받은 것이 너무나 많기에 주님께 많은 것을 돌려드려야 하지만 그러한 삶을 살지 못한 것을 용서해주소서. 이 시간도 상한 마음과 가난한 심령으로 나아가오니 주의 임재로 채워주소서.

✱ 교역자들을 위하여

우리 영혼을 위하여 경성하는 사역자들을 세우신 주님, 교역자들 마음에 아픔과 근심을 안겨주는 성도가 되지 않게 해주옵소서. 사역자들이 마음 편하게 사역할 수 있고, 기쁘고 행복하게 주의 일에 전념할 수 있도록 배려하는 교회가 되게 해주옵소서. 좋은 것을 교역자들과 함께 나누는 행복한 교회가 되게 하시고, 그들을 존경하는 마음을 잃지 않는 온 성도가 되게 해주옵소서. 하나님이 세우신 교역자들의 권위를 인정하고, 그들과 협력하여 그리스도의 몸인 교회를 든든히 세워나가는 교회가 되게 해주옵소서.

교회를 위해 사역자들을 세우신 주님, 교역자들 모두 성령으로 충만하게 하시고 말씀의 권세와 능력을 덧입혀 주옵소서. 그들의 섬김 위에 성령의 기름 부으심이 충만하게 하시고, 교회와 성도들을 위해 온 열정을 다 쏟는 주의 종들을 강건하게 하시며, 그들이 뿌리는 땀과 눈물의 헌신을 통해 교회가 든든히 서 가고, 그리스도의 헌신된 일꾼들이 성숙하며, 교회가 부흥되는 기쁨을 주옵소서. 사역자들의 필요를 공급하시고 걱정 근심거리가 하나님의 채우심으로 해결되는 역사 있게 해주옵소서.

* 아름다운 지체 의식을 위하여

교회 안에 각각의 다양한 지체를 세워주신 주님, 우리가 서로 그리스도의 몸을 이루고 있음을 잊지 않게 하시니 감사합니다. 각각 받은 은사를 따라 주님을 효과적으로 섬기게 하시니 감사합니다. 서로가 걸림돌이 되지 않고, 서로 필요 없다고 무시하는 일이 없게 하시며, 서로를 내 몸처럼 아끼고 존중할 수 있는 지체들이 되게 해주옵소서.

우리가 모두 하나 되어 주님을 영화롭게 하기를 원하시는 주님, 다양성 속에 일치를 이루는 교회가 되게 하시고, 서로의 채워줌과

보완을 통해 조화와 일체를 가져오는 지체들이 되게 해주옵소서. '다름'을 서로 인정하고 자신만이 정답이라고 고집하는 교만을 버리게 하시고, 그리스도를 아는 일에 모든 지체가 하나 되게 하시며, 그리스도를 섬기되 다툼과 분열 없이 기쁨으로 섬기게 해주옵소서.

더불어 섬기는 기쁨을 누리기보다 섬김에서 더 많은 상처와 아픔을 경험하는 모습을 봅니다. 우리에게 서로 배려하고 존중하며 하나 됨을 지킬 수 있는 선한 마음을 부어주옵소서. 그래서 우리 교회가 이 지역에서 좋은 교회, 좋은 성도로 소문이 나게 해주옵소서. 좋은 이미지를 심는 교회가 되어 전도의 문이 활짝 열리게 하시고, 머물고 싶은 교회가 되게 해주옵소서.

말씀으로 변화시키기를 기뻐하시는 주님, 사슴이 시냇물을 갈망하듯이 우리가 주의 말씀을 갈망합니다. 갈급한 심령 위에 말씀의 씨를 뿌릴 때 풍성한 열매 맺게 해주옵소서.

새로운 관계를 창조하시는 예수 그리스도의 이름으로 기도드립니다. 아멘.

지체들을 세우는
칭찬받는 제직이 되게 하소서

✱ 감사와 회개

사랑과 긍휼이 풍성하신 하나님 아버지, 부족하고 연약한 저희를 하나님 나라와 교회의 일꾼으로 삼아주심을 감사합니다. 하나님께서 우리를 충성스럽게 여겨 제직의 직분을 주셨으나 충성하지 못하고 헌신하지 못했던 저희를 용서하여 주옵소서. 주님의 영광을 드러내야 할 저희가 자신의 이름과 의를 드러내려 했고, 섬기면서 서로에게 상처를 주었사오니, 이 시간 제직헌신예배를 통해 하나님이 기뻐하는 사람으로 거듭나는 시간이 되게 해주옵소서.

✱ 지체들을 세우는 일꾼 되게 하옵소서

맡겨주신 사명을 잘 감당할 수 있는 지혜와 능력을 주신 주님, 올 한 해에도 제직의 직분을 받아 교회를 섬길 수 있는 영광 주심을 감사합니다. 다른 성도들과 교회에 유익을 줄 수 있는 지혜로운 일꾼이 되게 해주옵소서. 다른 지체들과 동역하면서 독선을 갖지 않게 하시고 자기주장을 고집하지 않고 다른 지체의 생각을 들을 수 있는 귀를 주옵소서. 하나님이 주신 입으로 부정적인 영향을 미치지 않게 하시고, 다른 사람의 마음에 상처를 입히지 않게 하시며, 위로하고 칭찬하고 격려함으로 공동체와 지체들을 세워주게 하옵소서. 내가 존재함으로 다른 지체들과 공동체가 유익을 얻고 행복해지는 일꾼이 되게 하시고, 스스로에게도 자부심과 행복을 느끼는 섬김이 되게 해주옵소서.

다른 사람을 나보다 낫게 여기기를 원하시는 주님, 주님이 세워주신 다른 지체들의 존귀함을 알게 하시고, 그들을 돌아보고 섬김으로 주님의 사랑을 증명할 수 있게 해주옵소서. 더불어 섬기는 기쁨을 맛보게 하시고, 공동체의 선을 위해 자신을 내려놓고 죽이는 훈련을 하게 하시며, 날마다 자신을 돌아보아 은혜 안에 머물게 해주소서. 모든 허물에도 불구하고 우리를 용납하신 주님, 우리가 바리새인처럼 남을 정죄하고 비난하는 자리에 가지 않게 하시고, 죽이는 자가 아니라 살리는 자가 되게 해주옵소서.

* 칭찬받는 일꾼이 되게 하소서

하나님뿐만 아니라 사람에게도 칭찬받고 인정받기를 원하시는 주님, 맡겨주신 사명에 충성함으로 하나님 앞에서 부끄러움을 당하지 않게 하시고, 다른 사람에게 해를 끼치지 않게 하소서. 이 땅에서 누리는 영광보다 하나님 앞에서 받게 될 상급을 기억하게 하시고, 사람에게 받는 칭찬보다 하나님에게 받는 칭찬을 사모하는 일꾼 되게 해주옵소서. 자신의 유익보다는 남의 유익을 추구하고, 교회의

덕을 위해 자신을 희생하게 해주옵소서. 자신이 져야 할 짐을 남에게 미루지 않게 하시고, 다른 사람의 짐을 대신 져줄 수 있는 섬김의 마음도 주옵소서. 내가 가진 힘과 지혜로 섬기기보다 하나님이 공급하시는 능력으로 감당하게 하시고, 몸 바쳐 충성하고도 무익한 종이라 고백하는 진실한 종이 되게 하시며, 작은 일에 충성하는 착하고 충성된 종이 되게 해주옵소서. 다른 지체들과 누가 크냐는 싸움을 하지 않게 하시고, 서로 분열하고 다투어 그리스도의 영광을 가리는 일이 없게 해주옵소서.

이 시간, 우리 영혼과 마음을 새롭게 하기를 기뻐하시는 주님, 오늘 우리에게 주시는 하나님 말씀으로 세상을 이기게 하시고, 가족에게 주님의 사랑을 드러내게 하시며, 직장과 이웃과의 관계에서 하나님의 사람으로 인정받게 해주옵소서.

착하고 충성된 종에게 상급을 주실 예수님의 이름으로 기도드립니다. 아멘.

더 큰 은혜를 갈망하는
공동의회가 되게 하소서

✳ 감사와 찬양

때를 따라 필요한 은혜를 베푸시는 하나님 아버지, 어려운 상황 속에서도 1년 동안 교회를 이끌어주셔서 공동의회로 모이게 하시니 감사와 찬양을 돌립니다. 한 해의 사역을 결산하고 새로운 해를 준비하는 공동의회를 성령께서 인도해주시고 감사를 고백하는 회의가 되게 해주옵소서.

✳ 새해에는 더 큰 은혜를 주소서

알파와 오메가가 되시는 주님, 한 해를 시작하게 하실 뿐만 아니라 여기까지 오게 하셔서 한 해를 마무리하게 하신 은혜에 감사합니다. 마음의 경영을 이루시고 말의 응답을 허락하시는 여호와께서 성도의 가정과 교회를 이끌어주시니 감사합니다. 어렵고 힘든 일이 있었지만 그때마다 이길 힘을 주시고 피할 길을 주셔서 신앙의 경주에서 승리하게 하시니 감사합니다. 지금까지 지내 온 것이 하나님의 은혜였듯이 오늘 이루어지는 공동의회도 하나님의 은혜가 지배하고 감사와 찬양이 넘치게 해주옵소서. 하나님이 하신 일에 감사하게 하시고, 새해에도 하나님이 하실 일을 기대하게 하옵소서.

여러 가지 어려운 상황이 많았지만 올해에도 교회 재정이 넘치도록 채워주셔서 교회가 해야 할 사역을 넉넉하게 하신 하나님, 내년에도 우리 교회가 흑자 재정이 되도록 은혜를 베풀어 주옵소서. 여호와를 의지하는 자는 풍족하게 된다고 말씀하셨습니다. 아무리 어려운 일이 닥쳐올지라도 온 교회가 하나님을 신뢰하는 믿음으로 견고히 서게 해주옵소서. 재정의 어려움보다 더 심각한 것은 믿음의 빈약함이오니 우리에게 큰 믿음을 허락해 주옵소서. 온 교회가 세상에 대하여 부한 인생이 아니라 하나님께 부한 자로 살게 해주옵소서. 믿음으로 일하게 하시고, 믿음으로 하나님 앞에 드리게 하셔서 새로운 해에도 재정의 어려움을 당하지 않게 해주옵소서. 온 성도와 교회가 새해 초부터 연말까지 푸른 초장과 쉴만한 물가로 인도함을 받게 해주옵소서.

* 주님이 다스리는 회의가 되게 하소서

인간의 앉고 일어섬을 감찰하시는 주님, 공동의회로 모인 이 시간 행동을 달아보시는 하나님 앞에서 말하고 행동함으로 하나님이 보시기에 기쁜 회의가 되게 해주옵소서. 한 해를 결산하면서 하나님의 은혜를 돌아보게 하시고, 새로운 예산을 편성하면서 풍족하게 채우시는 하나님을 기대하는 시간이 되게 하옵소서. 한 해 동안 아픔과 슬픔의 짐을 함께 짊어질 뿐만 아니라 어려운 재정을 함께 지고 여기까지 달려온 성도들이 서로 격려하고 서로에게 감사하는 회의가 되게 해주옵소서. 교회 재정을 집행하면서 한 치의 부끄러움이 없게 하시고, 투명하고 깨끗하게 운용하게 하시며, 우선순위를 따라 믿음으로 집행하게 해주옵소서.

이 시간, 논의되는 모든 과정에서 공동체를 세우는 발언만 하게 하시고 성령의 통치 안에 머물게 해주옵소서. 인간적인 감정을 따라 말하지 않게 하시고, 개인의 뜻이 주장되는 것이 아니라 공동체의 덕이 나타나게 하옵소서. 어느 사람도 불의의 도구가 되지 않도록 자신을 잘 지키게 해주옵소서. 악한 사탄이 틈타지 않도록 지키시고, 공동의회를 이끌어가는 의장에게 지혜를 허락하셔서 회의를 은혜 가운데 잘 이끌어가게 해주옵소서.

우리 삶 속에 하나님의 뜻을 세우시는 예수님의 이름으로 기도드립니다. 아멘.

구역부흥과 연합을 위해
함께 노력하게 하소서

✽ 찬양과 감사

우리를 지켜 모든 환난을 면하게 하시고 날마다 순간마다 우리 영혼을 든든히 지키시는 여호와를 찬양합니다. 우리 가운데 늘 행복으로 채우시는 하나님께서 구역 식구들의 가정과 직장과 사업장을 지켜주셔서 감사합니다. 그동안 구역을 소홀히 하고, 서로 돌아보는 삶에 충실하지 못하고, 구역예배를 등한시했던 허물을 용서해 주옵소서. 이스라엘을 위하여 큰일을 행하신 하나님께서 오늘 이 시간 구역에 속한 모든 가정에게도 큰일을 행하여 주옵소서.

✽ 구역의 부흥을 위해 함께 노력하게 하소서

하나님 나라가 확장되기를 원하시는 주님, 우리 구역이 날마다 부흥되는 은총을 허락해 주옵소서. 성령께서 먼저 우리 마음부터 부흥되게 해주시고, 하나님 말씀으로 회개의 은혜가 부어지게 해주옵소서. 하나님 말씀을 가까이하고, 늘 깨어서 기도하는 구역원이 되게 하시고, 심령의 부흥을 통해 구역의 부흥을 일으키고, 구역이 부흥함으로 교회가 부흥되는 역사가 일어나게 해주옵소서. 구역이 부흥하지 않고서는 교회가 부흥할 수 없사오니 우리 구역이 교회 부흥의 불씨가 되게 해주옵소서. 우리 구역이 교회 안에서 가장 모범이 되는 구역이 되게 하시고, 모이기에 힘쓰고, 교회 사역에 앞장서며, 전도하는 데 주력할 수 있게 해주옵소서.

구역 식구들이 한마음이 되어 시간을 정하여 태신자를 위해 기도하고 그리스도의 사랑으로 찾아가게 해주옵소서. 하나님 앞에 드리는 공예배를 사모함으로 은혜 충만한 구역 되게 하시고 성령의 도움을 받아 살아가는 구역이 되게 하시고, 구역 안에서 재생산을 통한 배가 운동이 일어나게 하시며, 우리 구역을 통해 다른 구역들도 도전받게 해주옵소서. 구역이 부흥되기 위해서는 서로 한마음이 되어야 하고, 한 비전을 가져야 합니다. 교회와 목사님의 비전을 갖고 함께 기도하는 일에 힘쓰는 구역이 되게 하시고, 그 비전을 성취하기 위해 헌신하는 일에 앞장서게 해주옵소서.

✲ 연합하는 구역이 되게 해주옵소서

우리가 성령 안에서 하나 되기를 원하시는 주님, 우리 구역이 하나로 일치된 구역이 되게 해주시니 감사합니다. 사탄이 좋아하는 분쟁과 싸움이 없게 하시고, 서로 상처 없는 모범적인 구역이 되게 해주옵소서. 하나님과 교회가 세우신 구역장, 권찰에게 복주시고 성령으로 충만하게 해주옵소서. 구역을 돌아보기에 부족함이 없도록 건강과 지혜와 능력을 부어주옵소서. 주님의 일을 감당하기에 부족함이 없도록 물질과 가정의 평강을 허락해 주옵소서. 그래서 오직 주의 일과 구역을 돌아보는 데 전념하게 해주옵소서.

　말씀을 전하는 구역장에게 늘 하나님 말씀의 권세와 능력을 부어주셔서 은혜롭고 담대하게 말씀을 전하게 하시고, 온 구역 식구들이 그 말씀으로 날마다 자라가는 기쁨을 허락해 주옵소서. 그래서 구역식구들이 영적으로 잘 자라나 앞으로 또 다른 영적 지도자들이 배출되게 해주옵소서. 영적 지도자를 본받아 구역원끼리도 서로 격려하고 세워주게 하시고, 한마음을 품고 복음을 위해 적극적으로 협력하게 해주옵소서. 교회가 하는 일에 부정적인 생각을 버리게 하시고 불평불만을 조장하는 악한 영을 좇지 않고 성령을 따라 행하게 해주옵소서. 지혜로운 자와 동행하면 지혜를 얻고 미련한 자와 사귀면 해를 받는다고 하셨사오니 동행할 자를 잘 분별하게 하시고, 이단이나 잘못된 영을 용납지 않게 해주옵소서.

　구역을 통해 천국을 확장해 가실 예수 그리스도의 이름으로 기도드립니다. 아멘.